写真アルバム

# 名古屋の今昔

樹林舎

# カラーで見る 名古屋情景スナップ

**オリエンタル中村の屋上遊園地**

千種区星が丘元町・昭和53年

星ヶ丘店の屋上で、子どもたちを乗せて走るフェニックス号。当時、百貨店屋上にはどこも遊園地があったものだった。おもちゃを買ってもらってレストランでお子様ランチ、そして屋上遊園地。百貨店へのお出かけは子どもたちに大人気のイベントであった。（提供＝麻生和代氏）

## 東山動物園の恐竜

千種区田代町・昭和25年

東山動物園は鶴舞公園内にあった動物園が移転して、昭和12年に開園した。その翌年に1周年を記念して、3体のコンクリート製恐竜模型が古代池に造られた。写真はその1体、勇ましきイグアノドン。（撮影＝ウィリアム・S・ペリー氏、提供＝岡崎茂氏）

## ボートがひしめく春の上池

千種区田代町・昭和中期

子どもの頃に東山公園へ遊びに行って、上池でスワンボートのペダルを漕ぎ、あるいは手漕ぎボートでオールを握らせてもらった、という名古屋市民は多い。市民共通の思い出の場所である。（撮影＝ウィリアム・S・ペリー氏、提供＝岡崎茂氏）

### 城山八幡宮で七五三
**千種区城山町・昭和45年**

千歳飴を持ってはにかむ着物の女の子。七五三は、地域の氏神が祀られた神社へお詣りし、子どもが無事に成長できたことを祝う風習とされる。昔は「七つ前は神のうち」といわれ、幼い子は早くに亡くなることが多かった。（提供＝渡邉龍一氏）

### 年末の売り出し
**千種区神田町・昭和45年**

山盛りの野菜や果物が並ぶ青果店・近藤商店。昭和期の野菜とイチゴの価格差に、当時いかに高級品であったかが偲ばれる。年の瀬のこの日、同店のある大都市場も歳末売り出し中である。これから大勢の客が詰めかけ、棚は空になるのであろう。（提供＝近藤由美子氏）

### 名古屋まつりの花電車が街を行く

**千種区今池・昭和48年**

今や秋を彩る名古屋最大の祭りといわれる名古屋まつりは、昭和30年、まだ娯楽の少ない頃に始まった市民祭りである。市民馴染みの市電が飾り立てられ、きらびやかな花電車となって走った。（提供＝田内康司氏）

### 瀬戸電が栄町へ乗り入れ

**東区徳川・昭和53年**

瀬戸焼を運ぶために生まれた名鉄瀬戸線（瀬戸電）。この日つい に栄町駅までの乗り入れが果たされ、瀬戸市と名古屋市の中心 が結ばれた。写真は当日8月20日の祝賀電車で、森下駅付近を 走る。現在、この辺りは高架となっている（提供＝中田茂氏）

### 「ピンポン外交」の中国選手団

**東区葵・昭和46年**

第31回世界卓球選手権大会は世界54ヵ国が参加し、名古屋で開催さ れた。同大会での米中選手の交流が米中国交正常化への道を開き、後 に「ピンポン外交」と称された。写真は中国選手団が宿泊した藤久観 光ホテルで、従業員らとお別れの記念撮影。（提供＝大島文廣氏）

### 大幸住宅のバス停
**東区砂田橋・昭和38年**

通勤時間か、バス停には多くの人が見える。市内各地の工場周辺は、従業員が利用する住宅など諸施設が増え、他地域に比べ発展著しかった。旧大幸町地域も三菱重工業の工場が立地し、公営大幸住宅が昭和29年から建設されていた。（提供＝加藤洽和氏）

### 大幸住宅で水浴び
**東区砂田橋・昭和41年**

まだ周囲に空き地が多かった頃、ビニールプールを出して水遊び。幼児らの後ろに建ち並ぶ団地群は、現在は取り壊され、9階、10階の高さになる大型マンションや高齢者向け優良賃貸住宅などが建つ。（提供＝加藤洽和氏）

### 矢田川堤防の眺め
**東区大幸・昭和39年**

堤防から東を見ている。背景は養老山地か。写真は宮前橋の付近で、西へ行くと大幸公園がある。同園は皇太子御降誕を祝す記念事業公園として昭和16年に開園した10公園の一つ。（提供＝加藤洽和氏）

### 東邦高校の「壁画校舎」
**東区葵・昭和41年頃**

赤萩校舎時代、本館西側には大壁画があった。原画は二科会の安藤幹衛画伯の作で、昭和39年の本館完成時に壁画として設置された。「日本最大の外壁画　東邦学園新校舎　勤勉、希望など表現」と新聞記事にもなったが、同校は同46年に平和が丘台地の統合キャンパスへ移転した。（提供＝小山和夫氏）

### 御成通で幼子が遊ぶ

**北区御成通・昭和44年頃**

現在の御成通3丁目交差点近くの風景。御成通は歴史ある道で、古くは尾張藩主が下屋敷へ往来し「鷹匠町通り」とも称された。明治になって名古屋師団が行進し「兵隊道」と呼ばれ、昭和2年の昭和天皇行幸の際に道が整えられて以降「御成通」になったという。（提供＝鶴見佳世子氏）

### 四間道から円頓寺商店街へ行く

**西区那古野・昭和46年**

四間道界隈は堀川水運を利用する商人により発展した地域で、土蔵群と町家が軒を連ねる。現在、この周辺は四間道町並み保存地区に指定されている。周辺では円頓寺筋に商店街が発展した。写真奥には円頓寺商店街のアーケードが見える。（提供＝加藤洽和氏）

### 名古屋厚生会館第一保育園の運動会

**西区栄生・昭和49年頃**

無邪気な幼児らがあふれる昭和の光景。同保育園は平野町幼児園として大正13年に始まり、戦時中に現在地で名古屋厚生会館となる。戦後の昭和30年には園児が急増し、第二保育園を設けた。同43年には鉄筋五階建て園舎も建てられている。(提供＝宇佐美俊夫氏)

### 商店が軒を連ねる美濃路

**西区枇杷島・昭和52年**

東海道宮宿と中山道垂井宿とを結ぶ、江戸時代よりの古い街道、美濃路。写真では道路にはみ出すように八百屋の商品が並ぶ。瓦屋根の上に店の看板が掲げられ、2階では窓の外に洗濯物がぶら下げられている。(提供＝加藤治和氏)

### 大阪から新幹線試乗車が到着！
**中村区名駅・昭和39年**

「夢の超特急」といわれ、東京オリンピックを控えて昭和39年10月1日に開業した東海道新幹線。開業前、8月31日に試乗会が行われた。写真は、今まさに試乗新幹線が、名古屋駅ホームへ入って来るところである。（提供＝加藤洽和氏）

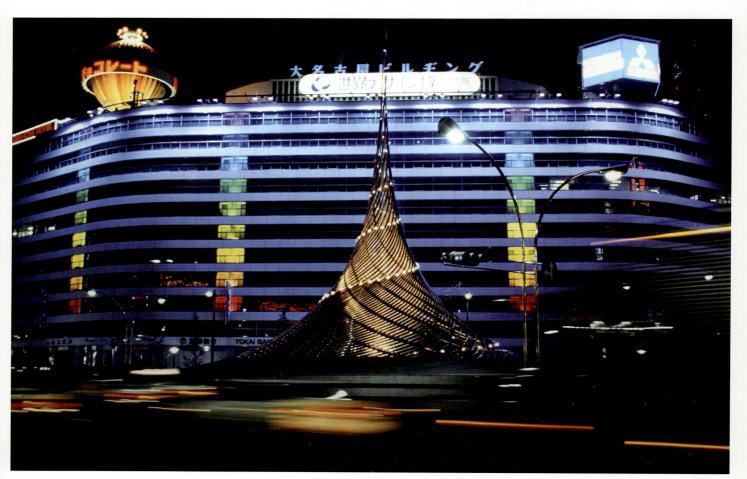

### 夜景に浮かぶ大名古屋ビルヂング
**中村区名駅・平成元年**

初代名古屋駅ビルから見ており、夜闇の中でも目に鮮やかな景観である。ビル手前に見える「飛翔」のモニュメントは、ぐるぐると呼ばれ親しまれていた。ビルは老朽化により閉鎖された後、平成28年に先進的な機能を備えた新たな名駅の顔としてグランドオープンした。（提供＝杉江由美子氏）

### 世界デザイン博覧会
**中村区名駅・平成元年**

通称「デ博」は名古屋市制100周年の記念事業の一つとして開催された博覧会である。写真では博覧会のマスコット「デポちゃん」が、市の玄関口・名古屋駅の松坂屋から来場者らをお出迎え。(提供＝佐藤寛氏)

### 建設中のJRセントラルタワーズ
**中村区名駅・平成8年**

市の表玄関である名古屋駅に新たな機能を追加すべく、複合型ステーションビルが構想された。平成3年にプロジェクトが立ち上がり、同11年に近代的ツインタワーが竣工。今に至るランドマークが登場した。(提供＝柴田典光氏)

### 中村遊廓周辺

中村区大門町・昭和25年

中村遊廓は大須近辺にあった公認遊廓・旭廓が大正12年に移転し、開設された。当時の遊廓は、世間にも自然に溶け込んでいた場所であった。（撮影＝ウィリアム・S・ペリー氏、提供＝岡崎茂氏）

### 鈍池町のお祭りで

中村区鈍池町・昭和48年頃

神社の祭礼や寺院の行事など、古くから全国各地で育まれた祭りは数多い。それらは地域の団結を図り、戦後には人びとの支えとなり、娯楽が少ない時期にも笑顔をもたらした。子どもにとっても、近所の子や大人たちと一緒にすごす格別な時間であった。（提供＝三浦志津子氏）

## 錦通りを進む二福神車(にふくじんしゃ)
**中村区名駅・昭和37年**

天王祭で曳き出された歴史ある山車(だし)。からくり人形は、恵比寿が鯛を釣って喜び、大黒が打ち出の小槌で宝袋を叩くと宝船が飛び出すという仕掛け。人形や幕も随時修理、新調されており、町内の有志が手塩にかけて維持しているという。(提供＝永田哲也氏)

## 堀川と錦橋
**中村区名駅〜中区錦・昭和39年**

川面には多くの丸太が浮かぶ。名古屋ではかつて木材産業が隆盛しており、堀川端に材木屋が並び、材木運搬に川を利用していた。写真は納屋橋の上から北を見たもので、奥の橋は昭和33年に架橋された錦橋。(提供＝加藤治和氏)

### 堀川と木材
**中村区名駅〜中区錦・昭和戦後**

古くより木曽材など良質な木材の集散地である名古屋。当初は堀川水運で城下と熱田湊とを結び、名古屋港への鉄道輸送に代わった後には、堀川は貯木場となった。（撮影＝ウィリアム・S・ペリー氏、提供＝岡崎茂氏）

### テレビ塔をバックに
**中区栄・昭和41年**

熱田神宮への初詣の帰り、家族でパチリ。背景は名古屋テレビ塔。日本初となるテレビ本放送を機に建設され、放送開始翌年の昭和29年に完成した集約電波塔である。平成17年にタワーとしては全国で初の国登録有形文化財、さらには重要文化財となっている。（提供＝所孝明氏）

### 地下鉄2号線の工事
**中区栄・昭和40年**

名古屋市営地下鉄市役所～栄町間の工事風景。昭和40年10月の開業後も延伸を続け、同44年から2号線は「名城線」となり、平成16年には4号線と接続し環状線が完成した。現在では栄町駅は栄駅、市役所駅は名古屋城駅と改称している。（提供＝渡辺仁氏）

### 地下鉄市役所～栄町間貫通祝賀
**中区栄・昭和40年**

名古屋市営地下鉄は昭和32年に1号線（東山線）が開業した。写真の年には2号線（名城線）市役所～栄町間が無事に貫通。写真はテレビ塔の真下の場所で握手をする、杉戸清名古屋市長と長谷川政雄名古屋市交通局長である。（提供＝渡辺仁氏）

### 雲竜フレックスビルを北に望む
**中区新栄・昭和50年代**

雲竜山乾徳寺が境内に作ったビルで、山号を名称とした。名古屋の高層ビルでも最も早くに建てられた一つである。街中で高々と見上げる「雲竜」の文字は、市民になじみのランドマークであった。（提供＝中島敏秋氏）

### 広小路通街路灯の初点灯
**中区栄・平成3年**

名古屋駅笹島から続く広小路通は、江戸時代、防災のために敷かれた道がその起源である。平成3年、街の活性化のため官民上げての景観整備が推進され、新しい街路灯の灯具はガラスグローブ、ポールはチタン製で、夜に映える眺めとなった。（提供＝杉本佳彦氏）

### 松坂屋屋上遊園
**中区栄・昭和24年**

明治43年に栄町へ進出した、いとう呉服店の屋上には子ども用ブランコが置かれていた。大正14年に松坂屋となって南大津へ移転し、屋上遊園も充実した。令和の時代も続く日本中で数少ないデパートの屋上遊園地の一つである。（撮影＝ウィリアム・S・ペリー氏、提供＝岡崎茂氏）

### オリエンタル中村の壁画
中区栄・昭和47年

百貨店の外壁を飾っているのは岡本太郎作のレリーフ「花・星・人」。夜には照明により絵柄が壁面から、さらに浮き出して見えた。市民に愛され、長らく栄交差点のシンボルとなっていたが、残念ながらオリエンタル中村が三越になった昭和55年に撤去される。（提供＝谷聖代子氏）

### 閉店が決まった丸栄百貨店
中区栄・平成30年

十一屋と三星が戦時統合して昭和18年に誕生。名古屋の地で長らく、松坂屋や三越、名鉄百貨店とともに「4M」として親しまれた老舗であった。写真の丸栄本店は建築家・村野藤吾の手になるもの。平成30年、70余年の歴史に幕を下ろした。（提供＝佐藤寛氏）

### 建て替え直前の中日ビル

**中区栄・平成30年～令和元年**

旧中日ビルは昭和41年に開業。地下鉄栄駅に直結し、店舗だけでなく劇場や文化センター、全国物産観光センターなどもある栄のランドマークの一つであった。平成31年に閉館して建て替えられ、令和6年に新たな栄の顔となってグランドオープンしている。(個人蔵)

### 聖火リレー

**中区栄・昭和39年**

東京オリンピックの聖火が国立競技場へとリレーされている。写真の区間は、藤沢薬品工業前から御園座を経由し、白川公園までを繋いだ。写真は御園座の前辺りである。(提供＝川村忠信氏)

### 名古屋まつりでパレードが出た
**中区栄・昭和58年**

「NAGOYA BAND FESTIVAL」の文字が見える黄と青の旗を持ち、矢場町付近を行くようす。名古屋まつりは市民から選ばれた織田信長、豊臣秀吉、徳川家康の三英傑らの豪華絢爛な行列で広く知られる、名古屋の秋を彩る祭りである。その他にも多彩な催しがあり、街は祭り一色となる。（提供＝谷聖代子氏）

### 名古屋城夏まつり
**中区本丸・昭和63年**

名古屋城の夏の風物詩で、大盆踊り大会はじめ様々なイベントが行われており、写真は「光の大噴水」が作られた時のひとコマ。現在は「名古屋城宵まつり」の名称となり、ビアガーデンなども設けられ、多くの人で賑わっている。（提供＝武市宏子氏）

### 進駐軍第五空軍の航空音楽隊
**中区三の丸・昭和24年**

米軍の音楽隊の演奏風景である。名古屋市には戦後に連合軍が駐留し、名古屋城周辺でこうした活動も行われていた。（撮影＝ウィリアム・S・ペリー氏、提供＝岡崎茂氏）

### 迷彩塗装された
### 名古屋市役所と愛知県庁

**中区三の丸・昭和24年**

太平洋戦争中は空襲に備えて、名古屋市役所本庁舎と写真右隣の愛知県庁本庁舎の外壁に迷彩塗装が施された。市街地を焦土と化した名古屋大空襲をくぐり抜け、現在も威容を誇る。フェンスで囲まれた広い一帯はアメリカ軍の管理下にあった。（撮影＝ウィリアム・S・ペリー氏、提供＝岡崎茂氏）

### 名鉄金山橋駅周辺の賑わい

**中区金山・昭和63年**

タクシー乗り場の後ろに見える木造の建物が金山橋駅。名鉄金山橋駅は戦時中の昭和19年、東西連絡線の開業時に開設され、立地の良さで周辺も栄えた。（提供＝舟橋和文氏）

### 桜橋の東詰で仔犬売り
**中区丸の内・昭和戦後**

道端で仔犬が売られている。畜犬商は現在のペットショップ。進駐軍の将校が愛犬を日本で繁殖させたのが始まりとされ、やがて今でいうブリーダーが登場。また昭和には野犬の仔犬などを売る「犬屋」もいた。(撮影＝ウィリアム・S・ペリー氏、提供＝岡崎茂氏)

### 白無垢の花嫁
**熱田区玉の井町・昭和47年**

純白の婚礼衣装に身を包み、式場へ向かうところか。名古屋では昔から「嫁をもらうなら名古屋から」「娘三人持てば身代潰す」といわれ、嫁入り仕度が豪華とされている。(提供＝深谷ひろみ氏)

### 鶴舞小学校の運動会
**昭和区鶴舞・昭和48年**

小学校の運動会を見る子どもたち。お兄さんお姉さんの応援に来たのだろうか。鶴舞小学校は昭和21年に開校した小学校で、鶴舞公園に隣接している。（提供＝西脇晴美氏）

### 全国高等学校総合体育大会
**瑞穂区萩山町・昭和58年**

インターハイと通称され、高校生を対象に開催される総合競技大会である。この年は愛知県を中心とする東海4県が開催地となった。写真は瑞穂公園陸上競技場での開会式のようす。「若人のスポーツの祭典」の始まりに、会場全体が興奮に包まれる。（提供＝武市宏子氏）

### 熱田神宮で七五三
**熱田区神宮・昭和47年**

創祀1,900年を超え、伊勢神宮に次ぐ尊い社とされ篤い崇敬を集める熱田神宮。「熱田さん」の名で親しまれ、名古屋出身で詣でたことのない人はほぼいないとまでいわれる。写真でも七五三詣りに来た家族が歩道橋には溢れている。（提供＝山中梅子氏）

### 新尾頭町電停周辺の眺め
**熱田区新尾頭・昭和48年頃**

新尾頭交差点を東に見る。当時、道路沿いには店舗が並んでいた。手前は市大病院前行きの名古屋市電。奥に見える名線鋼業は名線鋼業ビルとなり、現在も交差点角で営業している。（提供＝中田茂氏）

### 熱田神宮前商店街
**熱田区神宮・昭和55年**

熱田神宮の東側に沿って走る道に開かれた商店街である。名鉄神宮前駅に続いており、飲食店や土産物店だけでなくかつては射的の店などもあって、正月ともなると、着飾った客が初詣帰りに大勢来て混雑していた。（提供＝山中梅子氏）

### 白鳥貯木場周辺
**熱田区旗屋〜熱田西町・昭和60年代**

市では珍しい吊り橋の叶橋を南に見ており、桜堤の奥に白鳥貯木場がある。堀川沿いに設けられた全国有数の木材流通の拠点であった。（提供＝佐藤寛氏）

## 浅間社秋大祭

**中川区下之一色町・昭和38年**

浅間神社とも称され、かつて漁師町として栄えた下之一色地区の氏神である。写真は10月26日の秋大祭で餅投げをするところ。参道には舞台も設えられている。写真左手に見える銭湯の煙突は、漁師たちの憩いの場であったというエビス湯か。(提供＝山田清美氏)

### 浅間社のお稚児さん

中川区下之一色町・昭和38年

幼子の健やかな成長を願い、あるいは寺社の法要や祭礼行事などで行われる稚児行列。あどけない面（おもて）に化粧を施した子どもたちが華やかな稚児衣装を着け、街中を練り歩く。写真は大門通り、イイダパンの店前を行く行列。（提供＝山田清美氏）

### 漁師町の漁船

中川区下之一色町・昭和20年代

往時には伊勢湾有数の漁師町であった下之一色。昭和20年代には400隻超もの漁船を擁していたという。下之一色を囲む新川や庄内川には、連なるように漁船が係留されていた。（撮影＝ウィリアム・S・ペリー氏、提供＝岡崎茂氏）

26

### 進む護岸工事
**中川区下之一色町・昭和37年**

庄内川のコンクリート堤防から北を眺める。背景左側には一色大橋と松蔭公園が見える。庄内川は昭和34年の伊勢湾台風で、隣接する新川とともに河口部の10カ所以上が破堤し、伊勢湾等高潮対策事業による高潮堤が同38年度に完成する。（提供＝山田清美氏）

### 近鉄名古屋線
**中川区榎津西町付近・昭和48年**

大阪上本町に向かって列車が走る。名古屋線は伊勢中川～近鉄名古屋間の近畿日本鉄道（近鉄）路線。三重県と愛知県を結んで、近畿地方から愛知県へ路線を延ばす唯一の近鉄路線である。（提供＝杉浦裕幸氏）

### 世界デザイン博覧会
**港区港町・平成元年**

写真左にはポートビルが見えている。同博覧会は、名古屋市制100周年の記念事業として3会場で開催され、名古屋港会場は「楽しさへの旅立ち」をテーマに多彩な行事が催された。写真は同会場のイベントの一つ「動物フェスティバル」。（提供＝佐藤寛氏）

### 笠寺駅前を行く市電
**南区寺部通・昭和42年**

写真中央に笠寺駅前停留場が見える。名古屋市電は明治から昭和にかけ、市民の足として活躍した路面電車である。最盛期は市中心部を全27系統が網羅したが、やがて道路にマイカーなどが増え、時代の波に抗えず昭和49年3月で全線廃止となる。（撮影＝星晃氏）

### 笠寺観音の節分会

**南区笠寺町・昭和57年**

立春を迎える行事である節分会のようす。笠寺観音とは通称で、正しくは天林山笠覆寺という。名古屋城を鎮護する尾張四観音の一つである。（提供＝麻生和代氏）

### 大森天王祭①

**守山区大森・昭和58年**

半球状に飾られた提灯を煌々しく灯した巻藁形の山車「天王車」が町中を練っていく。旧大森村は東、西、中、新田、向の5つの嶋で構成され、嶋ごとに天王社が鎮座していた。今では厄年の若衆が天王車を引き、各天王社跡を巡る。写真は大森会館前か。（提供＝酒井広史氏）

### 大森天王祭②
**守山区天子田・昭和61年**

現在は八劔神社の境内社である天王社の祭りである。写真の天王車は、唐破風の屋根を4本柱で支える2層の名古屋型。屋根と4本柱を外して提灯を飾り、前ページの写真のような巻藁形の山車にもなる。（提供＝酒井広史氏）

### 小幡小学校の入学式
**守山区小幡・昭和47年**

運動場を大勢の子どもたちが行進する。今年度の新入生は470人に上り、講堂に入り切れないため校庭で入学式を行った。当時は児童数が急増しており、2年後の昭和49年には苗代小学校を分離している。（提供＝長谷川和子氏）

### 有松の旧道
**緑区有松・昭和45年**

今も江戸時代の風情を残す町並みとして知られる有松は、慶長13年（1608）に設けられた東海道の鳴海宿と池鯉鮒宿の間宿が起源である。現在では東海道の道筋は無電柱化されている。（提供＝加藤洽和氏）

### 鳴海商店街
**緑区鳴海町・平成7年**

扇川に架かる浅間橋から県道242号を南に望んでおり、道路の先左側に名鉄鳴海駅がある。写真中央に大きく鳴海商店街のアーチが立つが、商店街は扇川の北側に並行する東海道沿いに形成されている。周辺はかつての鳴海宿で、古くから栄えていた。（提供＝淡河俊之氏）

## 牧野池

**名東区猪高町・昭和40～50年代**

池畔の東屋から北を見ている。牧野池は江戸時代に旱魃対策のため、植田山丘陵地の裾野へ灌漑用ため池として造成された。現在は市内最大の池であり、周囲は自然環境を生かした都市公園・牧野ヶ池緑地として市民憩いの場となっている。（個人蔵）

## 名古屋市東南部丘陵の造成

**天白区原～中平・昭和50年頃**

一列に重機が並ぶ堂々たる眺め。写真の辺りは現在の天白消防署前交差点の東付近から南側一帯で、今や一面の住宅地となっている。昭和45年頃から市東南部の天白区や緑区の丘陵地において土地区画整理組合が多数設立され、市街化の勢いが増していった。（提供＝服部紘太氏）

# 刊行にあたって

昭和七年に出版された『百萬・名古屋』（島田洋之助編著）という書籍では、名古屋の当時の姿を次のように描写しています。

「（人口）百萬の大都市とはなったものの、さてその大都市らしい威容を急に備えることが出来得ない。舊きを破壊し、新しきを建設するにも、未だ十年の年月を待たねばならない。羅馬は一日で出来なかった。大都市名古屋の威容を完備するにも、多分な時間を待たなければならない。羅馬は一日で出来なかった。大都市名古屋の面貌は？　徒に膨大なる地域。そこには未だ畠がある。田がある。猪の出そうな山がある。麦畠の中で牛が鳴いていたり、たんぽぽの咲いた田畔に犬が走っている風景は、百萬名古屋過渡時代ならこそ見られる圖だ」

さらに東京、大阪の後塵を拝する都市の将来については

「大名古屋驛のモダンな姿が、現在のバラック建ての醜い姿を私たちの目から永遠に消却する頃、廣小路には、噂の大三越百貨店の堂々たるビルデングが化粧して現れるであろう。（中略）無秩序、乱雑なモダン名古屋の醜き面貌は、その整然たる内臓の働きと共に、名実共に兼備した一大商工業地として、世界的な都市となるであろう」

いわば、名古屋のPRのために書かれたような一書ですが、それから百年を経た同じまちに、私たちは暮らしています。

その名古屋の古い写真を集めて一冊にまとめようという企画を、小社は過去にも幾度か試みてきました。今回の『名古屋の今昔』は、古い写真の風景を、現在と対比することで鮮明に浮かび上がらせようというもので、市内外にお声がけし、家庭のタンス、本棚に眠るアルバムを見せていただく——という作業から始めました。

百三十軒ほどの方たちの応募に応え、ご自宅や会社を訪れました。そこで提供いただいた千枚単位の写真を確認、選考していると、時にフッと目が吸い寄せられ、次に進めなくなることもあり、また、どこの誰が撮ったとも知れないこの場所は、本当に名古屋なのか、と混乱もしました。

四百五十枚を一冊に収めましたが、それぞれ撮影者、被写体、またアルバムを祖父母、両親から受け継いだご親族、ご遺族らの思いも、悲喜交々さまざまでしょう。本書が名古屋という「まち」の、そしてそこに暮らした人たちの「記憶」を語ってくれることを願います。

末尾で失礼ながら執筆、編集にご協力いただいた「名古屋歴史教育研究会」の加藤沿和氏を始めとする先生方と、「祭り」について執筆をいただいた安田文吉先生に感謝を申し上げます。

樹林舎

# 写真アルバム 名古屋の今昔

● 目次

カラーで見る名古屋情景スナップ …… 1

巻頭言 …… 33

略年表　市制・町村制以降の名古屋 …… 36

交通図／市域の推移 …… 38

凡例 …… 40

変わる繁華街 …… 41

フォトコラム 思い出いっぱいの屋上遊園地 …… 88

フォトコラム 遺産を残した博覧会 …… 92

記憶に残る懐かしの風景 …… 97

| | |
|---|---|
| フォトコラム 時代の変化とともに ～名古屋のシンボル 名古屋城～ | 149 |
| フォトコラム 名古屋の祭りは、わっしょい、チロリン | 154 |
| 時の流れに移ろう建造物 | 169 |
| フォトコラム 市井の人びとの暮らし | 215 |
| 交通の変遷 | 231 |
| フォトコラム 社会や教育の変化と学校 | 268 |
| フォトコラム 子どもの遊びと暮らし | 298 |
| 写真提供者、協力者一覧 | 302 |
| おもな参考文献 | 303 |

34 頁写真
右：サカエチカ（中区・昭和52年・提供＝加藤洽和氏）
中：周辺が土地区画整理されていた頃の六所社（北区金城町・昭和19年・提供＝愛知県図書館）
35 頁写真
右：東海豪雨（天白区福池・平成12年・提供＝山岸雅之氏）
中：お正月に友達と（南区五条町・昭和40年・提供＝松永雅子氏）
左：中央埠頭の灯台にて（港区港町・昭和42年・提供＝倉知桂子氏）

35

※交通網の変遷、学校開設、統廃合等については各章に掲載

| 年号 | 関連地域のできごと | 周辺地域・全国のできごと |
|---|---|---|
| 昭和22年（1947） | 御園座が再建される | 教育基本法・学校教育法公布／新学制実施／日本国憲法施行 |
| 昭和23年（1948） | 名古屋市教育委員会発足／中日球場竣工／第1回名古屋競馬開催 | |
| 昭和24年（1949） | 海部郡南陽村が町制施行／東山動物園へ「ゾウ列車」が運行／名古屋競輪場開場 | |
| 昭和25年（1950） | 愛知県で第5回国民体育大会開催 | 朝鮮戦争勃発、特需景気始まる |
| 昭和26年（1951） | 日本初の民間放送局として中部日本放送がラジオ本放送開始／名古屋港が特定重要港湾に指定される | サンフランシスコ平和条約、日米安全保障条約調印 |
| 昭和27年（1952） | 大須事件／鶴舞図書館開館 | |
| 昭和28年（1953） | 大須球場閉鎖／台風13号襲来 | NHKテレビ本放送が開始 |
| 昭和29年（1954） | 日本初の集約電波鉄塔（名古屋テレビ塔）が竣工／名古屋市営地下鉄名古屋〜栄町間着工／中村呉服店が栄町へ移転しオリエンタル中村として開店／名鉄新名古屋駅竣工および名鉄百貨店開業 | |
| 昭和30年（1955） | 市域に愛知郡猪高村・天白村を編入／市域に西春日井郡山田村・楠村・海部郡南陽町・富田町を編入／第1回名古屋まつり開催／熱田神宮で遷座祭 | 神武景気の始まり |
| 昭和31年（1956） | 名古屋市が政令指定都市となる | 経済白書に「もはや戦後ではない」と記載 |
| 昭和32年（1957） | 名古屋市営地下鉄が名古屋〜栄町間で開業／名古屋駅前地下街開業 | |
| 昭和33年（1958） | | 岩戸景気の始まり／東京タワー完成／一万円紙幣発行 |
| 昭和34年（1959） | アメリカ合衆国のロサンゼルス市と姉妹友好都市提携／名古屋城の金鯱が大阪から到着し市中をパレード／鉄筋造の名古屋城天守再建竣工／伊勢湾台風襲来 | 皇太子御成婚 |
| 昭和35年（1960） | 名古屋港稲永埠頭完成 | 日米相互協力及び安全保障条約（新安保条約）発効 |
| 昭和36年（1961） | 名古屋市電覚王山〜星ヶ丘間運行休止 | 第二室戸台風襲来 |
| 昭和37年（1962） | 名古屋市科学館開館 | |
| 昭和38年（1963） | 市域に守山市を編入し守山区発足、13区となる／市域に愛知郡鳴海町を編入し緑区発足、14区となる／久屋大通完成 | |
| 昭和39年（1964） | 市域に知多郡有松町・大高町を編入／愛知県体育館完成／見晴台遺跡発掘開始 | 東海道新幹線開業／東京オリンピック開催 |
| 昭和40年（1965） | 愛知県自動車運転免許試験場完成 | 名神高速道路全線開通 |
| 昭和41年（1966） | 中日ビル完成 | |
| 昭和43年（1968） | 東山動物園・植物園を統合し東山動植物園に改称 | |
| 昭和44年（1969） | 名古屋市の人口200万人を突破 | 東名高速道路全線開通 |
| 昭和45年（1970） | 近畿日本名古屋駅が近鉄名古屋駅に改称／名古屋駅前地下商店街ユニモール開業 | 日本万国博覧会（大阪万博）開催 |
| 昭和47年（1972） | 名古屋都市高速道路着工／久屋大通公園にエンゼルパーク完成／市民会館開館 | 札幌冬季オリンピック開催／沖縄が本土復帰 |
| 昭和49年（1974） | 名古屋市電全線廃止／ごみ分別収集を初めて実施 | |
| 昭和50年（1975） | 千種区から名東区、昭和区から天白区が分立し16区制実施 | 山陽新幹線全線開通／沖縄海洋博覧会開催 |
| 昭和51年（1976） | 市営バスオールワンマン化実施／地下鉄の自動改札実施 | |
| 昭和52年（1977） | 名古屋市博物館開館 | |
| 昭和53年（1978） | メキシコ合衆国のメキシコ市と姉妹友好都市提携／中華人民共和国の南京市と姉妹友好都市提携 | |
| 昭和55年（1980） | 東谷山フルーツパーク開園／オーストラリア連邦のシドニー市と姉妹友好都市提携／オリエンタル中村が名古屋三越となる | イラン・イラク戦争勃発 |
| 昭和58年（1983） | 姉妹都市シドニー市長が名古屋市へコアラ贈呈を発表 | |
| 昭和59年（1984） | 新世紀・名古屋城博開催／名古屋港ポートビル完成 | 長野県西部地震 |
| 昭和60年（1985） | | 日本電信電話公社及び日本専売公社が民営化 |
| 昭和62年（1987） | 名古屋市総合体育館開館 | 国鉄分割民営化／この頃からバブル景気へ突入 |
| 昭和63年（1988） | 名古屋市美術館開館 | 青函トンネル開通／瀬戸大橋完成 |
| 昭和64年／平成元年（1989） | 市制100周年／世界デザイン博覧会開催 | 昭和天皇崩御、平成に改元／消費税導入／ベルリンの壁崩壊 |
| 平成6年（1994） | 第49回国民体育大会「わかしゃち国体」開催 | トヨタ産業技術記念館開館 |
| 平成7年（1995） | 名古屋都市高速道路都心環状線全線開通 | 阪神・淡路大震災／地下鉄サリン事件 |
| 平成12年（2000） | JRセントラルタワーズ全面開業 | 東海豪雨水害 |
| 平成14年（2002） | 藤前干潟がラムサール条約湿地に登録される | |
| 平成17年（2005） | 2005年日本国際博覧会（愛・地球博）開催／イタリア共和国のトリノ市と姉妹友好都市提携 | 中部国際空港開港／JR西日本福知山線列車脱線事故 |
| 平成19年（2007） | 名古屋港開港100周年海フェスタなごや〜海の祭典2007〜記念式典開催 | 能登半島地震 |
| 平成21年（2009） | 開園100周年の鶴舞公園が国登録記念物に指定される | |
| 平成22年（2010） | 名古屋開府400年祭開催／生物多様性条約第10回締結国会議（COP10）開催 | |
| 平成23年（2011） | 名古屋市科学館リニューアルオープン | 東日本大震災 |
| 平成25年（2013） | 名古屋都市高速道路全線開通 | |
| 平成26年（2014） | 名古屋国際会議場でESDユネスコ世界会議開催 | 御嶽山噴火 |
| 平成29年（2017） | フランス共和国のランス市と姉妹友好都市提携 | 九州北部豪雨 |
| 平成30年（2018） | 丸栄が営業終了／名古屋城本丸御殿復元 | |
| 平成31年／令和元年（2019） | 台湾の台中市とパートナー都市協定締結／ウズベキスタン共和国のタシケント市とパートナー都市協定締結 | 皇太子徳仁親王が天皇に即位、令和と改元／沖縄県の首里城焼失 |
| 令和2年（2020） | 名古屋テレビ塔グランドオープン、同時に施設名を「MIRAI TOWER」と改称 | 新型コロナウイルス感染症の世界的大流行始まる |
| 令和3年（2021） | | 第32回オリンピック競技大会（東京2020）開催 |
| 令和4年（2022） | マルエイガレリア開業／市営交通100周年 | ロシアによるウクライナ侵攻 |
| 令和5年（2023） | 名古屋市交通局が地下鉄の駅名称変更を実施 | |

# 略年表　市制・町村制以降の名古屋

| 年号 | 関連地域のできごと | 周辺地域・全国のできごと |
|---|---|---|
| 明治21年（1888） | | 市制・町村制が公布される |
| 明治22年（1889） | 市制・町村制施行により名古屋区が名古屋市となる | 大日本帝国憲法発布／東海道線が全線開通 |
| 明治23年（1890） | 今泉七五郎が浪越教育動植物苑を開園 | 第1回衆議院議員総選挙／第1回帝国議会／府県制・郡制公布／教育に関する勅語（教育勅語）宣布 |
| 明治24年（1891） | 濃尾地震 | 大津事件 |
| 明治25年（1892） | 知多郡有松村が町制施行 | |
| 明治27年（1894） | 広小路通延伸決定（現在の久屋西交差点から千種駅まで）／知多郡大高村が町制施行 | 日清戦争開戦 |
| 明治29年（1896） | 熱田湾築港工事開始 | |
| 明治30年（1897） | 愛知郡呼続村が町制施行 | |
| 明治31年（1898） | 市域に愛知郡那古野村・古沢村の一部を編入／愛知郡熱田町が古沢村の残部を編入／名古屋電気鉄道が開業し広小路通に国内2番目の路面電車開通 | |
| 明治33年（1900） | 愛知県庁が南久屋町から南武平町に移転 | 中央線名古屋〜多治見間開通 |
| 明治35年（1902） | 愛知郡千種村が町制施行 | |
| 明治37年（1904） | 愛知郡笈瀬村が町制施行し改称して愛知町発足 | 日露戦争開戦 |
| 明治39年（1906） | 愛知県で大規模な町村統合が実施される／ | 鉄道国有法制定 |
| 明治40年（1907） | 市域に愛知郡熱田町を編入／市域に愛知郡小碓村の一部を編入／熱田港を名古屋港に改称／名古屋港が開場場に指定される | 義務教育が6年に延長される |
| 明治41年（1908） | 区制を実施し市域に東区・西区・中区・南区が発足 | |
| 明治42年（1909） | 市域に愛知郡千種町の一部を編入／名古屋市初の公園として鶴舞公園開園 | |
| 明治43年（1910） | 鶴舞公園で第10回関西府県連合共進会開催 | 大逆事件／日韓併合 |
| 明治45年／大正元年（1912） | | 明治天皇崩御、大正に改元 |
| 大正3年（1914） | 鍋屋上野浄水場開設 | 第一次世界大戦開戦 |
| 大正4年（1915） | 呉服店十一屋が玉屋町から栄町に移転し百貨店となる | |
| 大正5年（1916） | 東山配水塔開設 | |
| 大正6年（1917） | 愛知郡下之一色村が町制施行／今泉七五郎が浪越教育動植物苑の動物を市に寄付 | |
| 大正7年（1918） | 鶴舞公園付属動物園開園 | |
| 大正10年（1921） | 市域に愛知郡中村・千種町・東山村・愛知町・常盤村・御器所村・呼続町・荒子村・笠寺村・八幡村・小碓村・西春日井郡枇杷島町・金城村・清水町・六郷村・杉村を編入／今池が耕地整理事業により埋め立て | |
| 大正11年（1922） | 名古屋電気鉄道市内線を名古屋市が買収し名古屋市電開業 | |
| 大正12年（1923） | 名古屋図書館開館 | 郡制廃止／関東大震災 |
| 大正14年（1925） | 名古屋放送局開局しラジオ放送開始 | 治安維持法、普通選挙法公布 |
| 大正15年／昭和元年（1926） | 西春日井郡庄内村が町制施行／市電車掌助手（少年助手）を初採用／中川運河起工 | 大正天皇崩御、昭和に改元／郡役所廃止 |
| 昭和2年（1927） | 小学校などにアメリカから青い目の人形が贈られる／愛電球場（鳴海球場）開場／マキノ中部撮影所設立 | 昭和金融恐慌 |
| 昭和3年（1928） | 市域に愛知郡天白村の一部を編入／鶴舞公園で御大典奉祝名古屋博覧会開催 | 御大典祝賀行事が全国で開催される／普通選挙法による最初の衆議院議員選挙実施（成人男子のみ）／治安維持法改正 |
| 昭和4年（1929） | 市立鶴舞公園付属動物園を市立名古屋動物園と改称 | 世界恐慌 |
| 昭和5年（1930） | 市域に西春日井郡庄内町の一部を編入／市営バス営業開始／市公会堂竣工／名古屋離宮廃止に伴い名古屋市に下賜される／名古屋城天守・本丸御殿等が城郭として旧国宝第1号に指定される | 昭和恐慌 |
| 昭和6年（1931） | 市域に愛知郡下之一色町の一部を編入／名古屋城公開／市民病院竣工 | 満州事変勃発 |
| 昭和7年（1932） | 中川運河全線開通／鶴舞公園付属動物園開園 | 五・一五事件 |
| 昭和8年（1933） | 西春日井郡萩野村が川中村を編入／市営振甫プール竣工／名古屋市役所庁舎を新築移転 | 日本が国際連盟を脱退 |
| 昭和9年（1934） | 市営豊田プール竣工／市の人口100万人突破 | 室戸台風襲来 |
| 昭和10年（1935） | 東山公園開園／徳川美術館開園 | |
| 昭和11年（1936） | 名古屋港中央埠頭竣工 | 二・二六事件 |
| 昭和12年（1937） | 市域に愛知郡下之一色町・西春日井郡庄内町・萩野村を編入／市域が10区となる（千種・中村・昭和・熱田・中川・港の6区増区）／鶴舞公園の動物園開園／東山植物園開園／名古屋汎太平洋平和博覧会開催／東山動物園開園／名古屋市電覚王山〜東山公園間延伸 | 盧溝橋事件が発端となり日中戦争に突入／防空法施行 |
| 昭和13年（1938） | 関西急行電鉄桑名〜関急名古屋間開通により全線開通／新名古屋市庁舎竣工／愛知県庁が南武平町から現在地に移転 | 国家総動員法施行 |
| 昭和14年（1939） | 名古屋帝国大学開学／堀川改修工事完了 | |
| 昭和15年（1940） | | 全国で紀元二千六百年記念祝賀行事開催／大政翼賛会発足 |
| 昭和16年（1941） | 大政翼賛会名古屋支部結成／東海銀行設立／名鉄枇杷島橋〜新名古屋間が開通し新名古屋駅開業／名古屋飛行場開設／瑞穂運動公園開園 | 尋常小学校が国民学校と改称／太平洋戦争開戦 |
| 昭和17年（1942） | 笹島郵便局を名古屋中央郵便局と改称／市に初空襲／熱田神宮公園開園／新愛知新聞と名古屋新聞が合併し中部日本新聞社設立 | 三大婦人会が統合され大日本婦人会発足／食糧管理法制定／ミッドウェー海戦 |
| 昭和18年（1943） | 戦時統合により十一屋と三星が合併し丸栄開業 | |
| 昭和19年（1944） | 市域が13区となる（北区・栄区・瑞穂区を増区）／海部郡富田村が町制施行／名古屋市疎開実施実行本部発足／戦時統合により近畿日本鉄道が発足し関急名古屋駅が近畿日本名古屋駅に改称／昭和東南海地震 | 学童疎開開始／学徒勤労令、女子挺身勤労令公布 |
| 昭和20年（1945） | 中区が栄区を合併し市域が12区となる／東山動物園の一般観覧停止／空襲により名古屋城天守焼失／市公会堂が進駐軍劇場として接収される | 全国で空襲激化／太平洋戦争終結／治安維持法廃止 |
| 昭和21年（1946） | 東山動植物園が一般の参観を再開／昭和天皇名古屋行幸／名古屋港が国際港に指定される／名古屋復興祭開催／11年振りに第17回メーデー開催 | 改正農地調整法と自作農創設特別措置法施行、農地改革実施 |

# 交通図

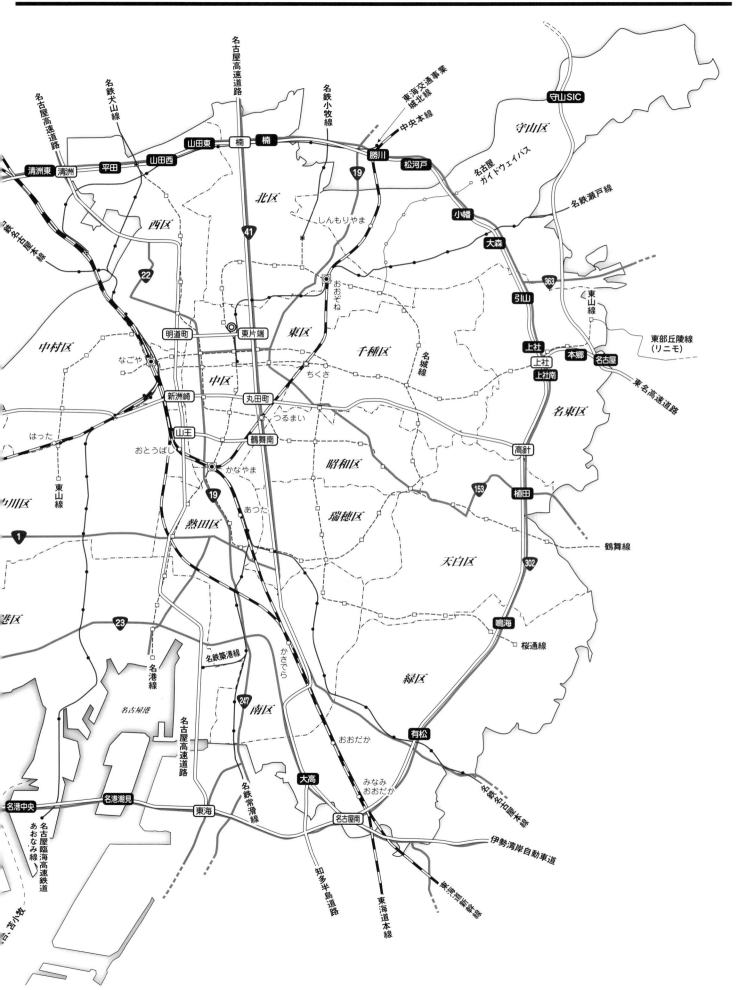

# 市域の推移

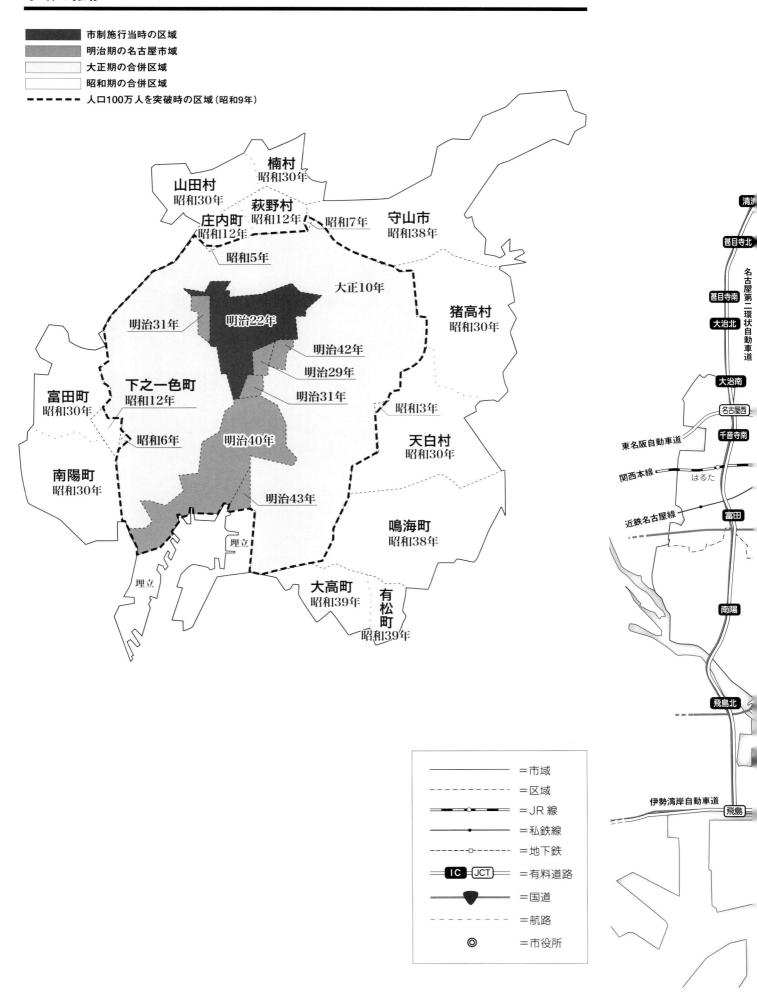

瑞穂運動場にあった屋外プールでボール遊び（瑞穂区萩山町・昭和53年・提供＝高川溥之氏）

凡　例

一、本書は、愛知県名古屋市の古写真と、それに対応する現在写真を、テーマごとに分類して収録したものである。

二、古写真は、各種団体や一般の人から提供を受け、選考の上、収録している。風景などに写り込んだ人物の姿、服装、表情なども時代を映す史料と考え、そのまま掲載しているが、プライバシーを考慮して適宜修正を加えている場合がある。修正を加える際は、著作者またはそれに準ずる権利関係者に了解を得るうえで行うように努めている。写真提供者については、各説明文末尾に記載した。

三、現在写真は、古写真と同じ場所、同じアングルを原則として、小社が撮影した。地形や街並みの大きな変化などのほか、詳細が不明で場所の特定が困難な場合などは、おおよその位置からとした。また、建物については移転先で撮影したものもある。

六、フォトコラムは、現在写真を掲載せず、古写真のみで時代の変遷や風俗・歴史などが浮かび上がるよう配慮した。

七、説明文ほか本文中の年号には和暦を用いた。ただし、江戸時代以前の年号には、適宜（　）内に西暦を併記した。

八、説明文中の固有名詞や地名は、原則として、撮影当時一般的だった呼称としたが、写真タイトルや説明文に付随する地名は現住所で表記している。

# 変わる繁華街

「名古屋の繁華街は」と聞かれて、頭に思い浮かぶのは、やはり名古屋駅周辺、栄周辺、大須周辺である。

現在の名古屋駅周辺には、JRセントラルタワーズを中心に、ミッドランドスクエア、大名古屋ビルヂングなどの高層ビルがひしめき合っているが、かつての「名駅」周辺も、国鉄の駅舎を中心に名鉄百貨店、近鉄百貨店などの百貨店、地下商店街があり、服や本などの買い物に出かけていた記憶がある。

現在の私は、買い物以外に、食事を楽しんだり映画を見たりするために出かけることが多くなったが、考えてみるとそのきっかけは、平成十一年のJRタワーズの開業であろう。その後に建設された高層ビルの中にも、全国的に有名な店やおしゃれな店が進出し、さらに楽しいひとときを過ごすことができるようになった。

次に現在の栄周辺には、名古屋三越、松坂屋名古屋店、中日ビル（令和六年改装）、マルエイガレリア（令和四年丸栄百貨店跡地に開業）、などの商業施設が建ち並ぶほか、テレビ塔やヒサヤオオドオリパーク（令和二年）が美しく整備された。かつてはデパートでの買い物のほかに、名古屋まつりの郷土英傑行列を見に行ったり広小路夏まつりに出かけたりした記憶がある。現在は新たな商業施設や高級ホテルが建設され、多くの人が集う広場もできた。街の風景は変わりつつあるものの、買い物や種々のイベントへの参加、見物の機会が増えた。

最後に、現在の大須周辺を見てみたい。昔からの寺院が多く残る一方で、飲食店、衣料品店、古着屋などが軒を連ねる複数の商店街を中心とした繁華街である。かつては飲食店以外に映画館や射的、パチンコなどの遊技場が建ち並んでおり、映画を見た後に食事を楽しみ、また衣料品を購入した記憶がある。現在は、昔ながらの店は減った一方で、パソコン関連、唐揚げ、安価なステーキ、タピオカなど流行を取り入れた店舗が進出している。

近年、これらの繁華街で目につくのが、インバウンドを含め高まる観光需要への対応である。『都心部まちづくりビジョン』（平成三十一年）にも「訪れたくなるワクワク感のあるまち」の実現が方針の一つとなっている。今後は、三つの繁華街だけでなく市内各所の商店街も、時代にともなう変化を迫られるだろうが、多くの人が集い、賑わいが生まれ、つながり合う「場」となることを期待したい。

（中村好孝）

### 今池交差点を南に見る

**千種区今池・昭和48年**

道路の中央を路面電車の名古屋市電が走る。市の中心から端々まで縦横に走り、地域の商業をも支えていた。交差点南東角に見える協和銀行の位置には、現在では名古屋センタープラザビルが、右側に見える東海銀行には三菱UFJ銀行が、その奥のユニーにはデリスクエアが建っている。（撮影＝長谷川弘和氏）

東区東桜

# 市街地を行く名古屋まつりの山車

**昭和47年**

写真は筒井町天王祭の神皇車。市民祭りである名古屋まつりでは様々な出し物があり、山車揃なども見られる。目玉の郷土英傑行列は、松坂屋や丸栄といった名古屋を代表する百貨店が三英傑などの行列を担当し、各々テーマに沿った演出を披露する。背景には写真左に東海テレビ、右に中部電力が見える。（提供＝西脇晴美氏）

**現在**

少し引いた位置から撮影している。写真奥右に中部電力。東海テレビの位置は昭和63年から複合ビルディング・テレピアが建つ。市はアニメ、サブカルチャーによる観光誘致に力を入れ、テレピアにはアニメの聖地・テレピアホールがある。

東区筒井

# 市制60周年の筒井町山車と商店街

**昭和24年**
名古屋市制60周年を記念して、筒井町が山車を出した。2層の見事な名古屋型で、唐破風の屋根を持つ。建中寺で一度記念写真を撮った後、町内へ繰り出し、「筒井町発展会」のアーチをバックにして関係者が居並び記念撮影。(提供＝加藤善久氏)

**現在**
筒井町発展会は昭和38年に筒井町商店街振興組合が設立され盛況であったが、時とともに店舗数が減っている。しかし今も筒井町天王祭が行われており、山車が曳行され「お祭りのある商店街」として祭りの日に賑わいを見せる。

# 黒川交差点から南の眺め

**北区 黒川本通**

**昭和46年**

道路は国道41号、向かって右に北警察署旧庁舎が建つ。車道中央を市電が走る。高度経済成長期に自動車が増加すると邪魔者扱いとなり、写真の清水口延長線は昭和46年に廃止される。(提供＝舟橋和文氏)

**現在**

北警察署は昭和49年に建て替えられた。旧写真奥に見える煙突は櫻護謨の工場であったが、現在ではこの場所に北区総合庁舎が建つ。道路上には高架の名古屋高速1号線が走り、付近に地下鉄黒川駅もでき周辺の発展が進んでいる。

## 北区 大曽根
## 賑わう大曽根商店街

**昭和38年頃**
大曽根商店街の華やかな光景。大曽根商店街は昭和40年代に最も栄えたといわれる。同40年にアーケードも建設され、往時は名古屋三大アーケード街の一つに数えられていた。(提供＝名古屋タイムズ・アーカイブス委員会)

**現在**
近代化を目指して行われた区画整理事業が平成18年に完成。美しい歩道などが整備されたが、その際に移転や閉店した店があり、また再開発時に商店街が道路で分断された。写真はOZモールとなった西地区の大曽根商店街で、東地区の大曽根本通商店街はオゾンアベニューとなっている。

## 東大曽根　北区 大曽根

**昭和36年**

中央本線の駅前広場で、写真左端に名鉄瀬戸線の踏切が見える。大曽根は国鉄や名鉄の大曽根駅が明治期より開業しており、古来交通の要衝として人や物が集まった。『尾張名所図会』にも名古屋城下北の唯一の関門として、賑わうようすが描かれている。（提供＝名古屋タイムズ・アーカイブス委員会）

**現在**

大曽根駅周辺の再開発が行われ駅前整備が行われた。JR中央本線の駅に隣接してゆとりーとライン（名古屋ガイドウェイバス）の駅が平成13年にでき、大曽根地下街オズガーデンは同18年にオープンしている。

46

# 大曽根商店街の入口周辺

**北区 大曽根**

**昭和45年頃**

大曽根交差点を北に眺める。上飯田への市電が南北に延びており、道路中央に大曽根電停が見える。写真手前の右側に大曽根商店街の入口がある。商店街はここから東へ延び、大曽根本通商店街を経由して大曽根駅に至る。（撮影＝戸田信治氏）

**現在**

旧写真でバスが斜めに見えていた国道19号は、拡幅整備されて中央分離帯なども設けられた。大曽根商店街の入口から北の商店群はなくなり、オフィスなどが入るTYKビルが建っている。

変わる繁華街

# 円頓寺の商店街

西区 那古野

**昭和32年**
「円頓寺本町」の大きな文字のあるアーチが見える。この近辺の商店街は圓頓寺の門前町として、古くより繁栄してきた。（提供＝名古屋タイムズ・アーカイブス委員会）

**現在**
アーチはアーケードの建設によりなくなるが、平成27年にはアーケードのさらなる改修が行われ、現在も市民のみならず外国人観光客にも人気の商店街となっている。

## 商店街のアーケードが完成

**西区那古野・昭和39年**
円頓寺商店街では「横のデパート」を標榜し、この年にアーケードを建設。視察の人びとも訪れた。（提供＝名古屋タイムズ・アーカイブス委員会）

### 円頓寺商店街の夏祭り
**西区那古野・昭和30年代**
華やかな「円頓寺」のアーチを背に、夏祭りのひとコマ。(提供＝化粧品のフジタ)

### 名古屋まつりの円頓寺商店街
**西区那古野・昭和32年**
縞模様の横断幕の下の通りが後にアーケード街となる。市民の祭り・名古屋まつりは昭和30年に始まったばかりで、商店街も紅白幕で飾られ、祭りムード一色である。(提供＝名古屋タイムズ・アーカイブス委員会)

# 景雲橋と市電

西区幅下

**昭和30年**

市電が道路の中央をゆったり、堂々と走っていた頃の眺め。景雲橋は大正2年、名古屋城の御園門と明道町を結ぶ道路を造るため堀川に架けられた橋である。中国の古典を元に吉兆として現れる雲「景雲」が名の由来とされる。橋完成と同時に名古屋電気鉄道御幸線（後の市電行幸線）も新設された。（撮影＝佐藤進一氏）

**現在**

明道町～名古屋城間を結んだ市電行幸線は昭和46年に廃止。今では橋の上を名古屋高速都心環状線が走っている。

## 関西鉄道愛知駅

中村区平池町

**明治中期**

関西鉄道が明治29年に開設した駅で、時計塔を備えたモダンな西洋館風の駅舎である。関西鉄道が同40年に国鉄路線となったため、名古屋駅に近い位置にあった愛知駅は42年に廃止。写真の華美な建物は後に国鉄岐阜駅の駅舎となった。（提供＝鶴舞中央図書館）

**現在**

駅舎は大正2年に移築され、国鉄岐阜駅の三代目駅舎となるが、太平洋戦争中の昭和20年に戦災で焼失した。旧写真の路線は残り、JR関西本線となった。駅舎跡は現在のささしまライブ付近にあたる。

# 名古屋駅前点描

中村区 名駅

### 名古屋駅のバスターミナル

**昭和30年代後半**

写真には背景左から名古屋ビル、毎日名古屋会館(毎日ビル)、豊田ビルが見える。毎日ビル下側には名古屋大映の看板がある。名古屋市営バスは昭和5年に運行開始され、当初は名古屋駅前から発着していた。時代とともにバス路線も交通量も増加し、同50年に名古屋駅に隣接する名古屋ターミナルビルが建設され、移転する。(提供=米田幸雄氏)

**現在**

駅前はリニア中央新幹線開業に向け再整備中。毎日ビルと豊田ビルの跡にはミッドランドスクエアが平成18年に竣工した。名古屋ビルも同21年に名古屋ビルディングとなっている。

## 名古屋駅周辺を俯瞰

**中村区名駅・昭和37年頃**

写真左下を占めるのが名古屋駅。右上に六階建ての名古屋中央郵便局が見える。駅と郵便局の間には、松坂屋名古屋駅店が入る名古屋ターミナルビルがまだ建っていない。大名古屋ビルヂングなどの駅前ビル群の成立も昭和40年代を待つ。（提供＝中野恵美子氏）

## 毎日ビル屋上に「ビヤガーデン」開店

**中村区名駅・昭和38年頃**

写真でははるか後方に名古屋城が見える。毎日ビルは昭和33年竣工。同30年にはすでに豊田ビルが南側に完成しており、この頃に駅前の大ビル群が形成された。多くのビル屋上には、大名古屋ビルヂングのマイアミなど、夏にビアガーデンが開かれた。（提供＝岩田京子氏）

## 新旧名古屋駅を展望

**中村区名駅・昭和11〜12年**

三井物産屋上よりの眺め。写真右側には昭和12年に開業する二代目名古屋駅が建つ。左端の広小路通突き当たりの少し右には、明治19年に開設された初代名古屋駅が見える。（個人蔵）

中村区 名駅

# 笹島交差点今昔

### 初代名古屋駅と駅前広場

**昭和 11 ～ 12 年**

廃止直前の初代名古屋駅と駅前のようすを名古屋鉄道局の庁舎から撮影。名古屋駅は明治19年に開設され、それに伴い広小路通や市電路線が整備されていった。昭和12年2月に新たな名古屋駅が現在の位置へ竣工し、旧駅は役目を終えた。（個人蔵）

## 笹島交差点から北を見る

### 昭和45年頃

名古屋市電が交差点を横切る。道路の向かって右側には豊田ビルや毎日ビル、奥に大名古屋ビルヂングが見える。左から奥には名鉄バスターミナルビル、名鉄ビル、名古屋近鉄ビルが建つ。空は電線が縦横無尽に覆っており、市では昭和終盤から主に市中心部で無電柱化が進んだ。（撮影＝戸田信治氏）

### 現在

交差点の北東角から平成20年竣工のモード学園スパイラルタワーズ、その奥に令和3年の名古屋三井ビルディング北館、さらに奥に毎日ビルと豊田ビルの跡地にミッドランドスクエアが連なる。道路最奥に建つ大名古屋ビルヂングは、二代目が平成28年にオープンした。

### 現在

笹島交差点から笹島北交差点の間一帯にあたる。写真は広小路通の西端である笹島交差点を西に見ている。写真右側にLABI名古屋が建つ。

# 賑わう初代名古屋駅前

中村区 名駅

## 仏舎利奉迎

**明治33年**

日本仏教界における開闢以来ともいえる行事が、シャム（現タイ）から日本への仏舎利（仏陀の聖遺骨）分与である。仏教13宗56派の管長が協議した末に名古屋へ超宗派の寺院を建設。この年に京都の仮安置所より仏舎利が到着し、笹島付近にあった初代名古屋駅の駅前は奉迎の善男善女で溢れかえった。写真左の洋館は後に名古屋鉄道局の庁舎となる建物で、大正期の同局開局前には運輸・保線事務所の庁舎として利用されていたようである。（提供＝鶴舞中央図書館）

## 御大典の奉祝門

**昭和3年**

大正15年の大正天皇崩御後、昭和天皇の即位式がこの年11月10日に京都御所で執り行われ、国家の慶事として祝賀行事が全国で開催された。写真は初代名古屋駅の駅前通りに建設された奉祝門。門の背後に見えるのは名古屋城を模した旅館である。（提供＝鶴舞中央図書館）

# 中村区 名駅
# 伝馬橋筋を行く山車

**昭和27年頃**

この辺り、当時は通りの周辺に履き物問屋が多かった。伝馬橋筋に並ぶ山車は、手前が二福神車、後方が紅葉狩車。花車神明社祭の山車は、市内の多くの山車が焼失した空襲をくぐり抜け、戦後の祭りで人びとを力づけた。（提供＝永田哲也氏）

**現在**

花車神明社祭では、二福神車、紅葉狩車、唐子車という山車3輛の曳行が今も見られる。

# 桜通ができる前の交差点

中村区 名駅

**戦前**

現泥江町交差点を西に見る。写真左右を走り、市電の線路が通る道は現在の市道江川線。左が泥江町線、右側の細い道の辺りに桜通が新たに敷かれる。桜通は国鉄名古屋駅の移転と名古屋汎太平洋平和博覧会に合わせて、昭和12年に開通する。（提供＝鶴舞中央図書館）

**現在**

桜通が広々としており、泥江町線が細く感じられる。交差点上方を覆う名古屋高速都心環状線が存在感を放つ。

中区大須

# 廓のある情景

**明治 39 年**
『第三師団凱旋慰労会紀念帖』の「廓之光景」より。「祝凱旋」と書かれた提灯が掲げられ、街は飾り立てられている。明治 8 年に大須に旭廓という遊廓が置かれ、明治中期には電気供給もある繁華な一帯となっていた。旭廓は大正期に中村大門へ移転する。（提供＝愛知県図書館）

**現在**
大須一帯は、約 1,200 の店舗や施設があり、伝統文化や無国籍なサブカルチャーなどが混在する町となっている。

中区錦

# 本町通の夜景

**戦前**
本町通を広小路の北、錦通付近より北に望む。道の先は名古屋城本町門跡に至る。明治時代の愛知県は繊維王国とも呼ばれ、名古屋では繊維産業が隆盛した。本町通は銀行なども建つ、一流の問屋が店を構える表通りとなっていた。（提供＝鶴舞中央図書館）

**現在**
通り沿いには写真右の御幸ビルディングなど大きなビルが幾つも建ち、旧景の雰囲気はもはやない。

## 中区栄
# 広小路通の景観

**昭和初期頃**
道路沿いの右手前から住友銀行、三井銀行、中央電話局が建つ。広小路通の歴史は江戸時代に始まり、明治19年の名古屋停車場開業により駅前に続く主要幹線として整備される。以降、通り沿いには銀行や大店等が進出していった。(提供＝鶴舞中央図書館)

**現在**
広小路長島町交差点から西を見る。住友銀行は統合により三井住友銀行となりビルも建て替わったが、低層階は以前の意匠を残している。道の先に建つ高層ビルのNTTデータ伏見ビルと対照的な眺めである。

## 中区 門前町

# 門前町の年末大売り出し

**大正末期**

写真は門前町5丁目辺りの本町通、道いっぱいの呉服店の幟(のぼり)や旗が目を引く、大売り出しの風景である。屋根に掲げられた大看板も、当時の繁華なようすを伝える。
(提供＝鶴舞中央図書館)

**現在**

片側式アーケードが建設され、道路と歩道がきちんと分けられ整えられた商店街。大正時代の猥雑な賑やかさはここにない。昭和時代には何もかもが整備され便利になった反面、人と人との繋がりが薄れたともいわれる。

中区錦

# 中村呉服店

## 初代の中村呉服店
**昭和4年**

本町通と広小路の交差点北東角にあった老舗呉服店の初代店舗である。
（提供＝谷聖代子氏）

## 戦前の中村呉服店
**昭和15年**

写真の建物は戦時中に空襲で全焼する。戦後に再建されるが、昭和29年には栄町交差点南東角へ、オリエンタル中村として移転した。（提供＝谷聖代子氏）

## 中区栄 御園通にて

**昭和35年**

御園通で御園婦人会の一枚。後ろには車が見え、これから出かけるところのよう。通りには鈴蘭灯が備えられ、居東屋やパーマヒロセの看板が見える。御園通は江戸時代の名古屋城御園御門前通りを起源とする由緒ある道で、現在は御園通商店街となっている。（提供＝横山稔彦氏）

**現在**

旧写真左側に写る居東屋は、令和2年まで御園座の向かいに店を構えていた。現在は少し西に移転している。

**昭和18年**

御園座の西の住宅地にあった防空壕である。昭和13年に内務省計画局が「庭または空き地」に防空壕を作るよう指導したが、それらは空襲には有効でなかったといわれる。（提供＝横山稔彦氏）

中区栄

# 希望の泉からテレビ塔を望む

**昭和44年**
名古屋まつりの日の名古屋テレビ塔周辺は、大勢の人出で賑わっている。写真正面に見える噴水「希望の泉」は、この年に名古屋放送（現名古屋テレビ放送）が市に寄贈したもの。「越流滝方式」と呼ばれる、3枚の円形盤を噴水池の上に組み上げて造られた噴水が、涼やかな水を吹き上げる。（提供＝武市宏子氏）

**現在**
テレビ塔は令和2年、「MIRAI TOWER」をコンセプトにリニューアルオープンし、現在は「中部電力ミライタワー」と呼称される。老朽化していた「希望の泉」も同4年に再生された。彫刻家・館野弘青の手になる最上部のブロンズ像も目に映えている。

中区栄

# 街を聖火リレーが行く

**昭和39年**
東京大会の聖火が出発するところ。正走者は写真提供者である。この年8月21日にアテネで採火された聖火は9月7日に沖縄へ到着し、4コースに分かれて日本全国をリレーされた。（提供＝川村忠信氏）

**現在**
東京オリンピックの開催に合わせて、鉄道や道路といったインフラ整備や施設建設が行われた。またそれが呼び水となり、全国の街々で景観なども整えられていった。

中区錦

# 丸栄前を市電が行く広小路通

**昭和40年頃**

東を見ている。広小路通は古くから大店や銀行が次々に進出し、市発展の軸ともなった名古屋の主要幹線である。写真には十一屋呉服店と百貨店三星が合併して昭和18年に設立された老舗デパート・丸栄が見えている。道路中央を市電が走る。（撮影＝白井健氏）

**現在**

市電は昭和49年までに全線が廃止された。平成30年に閉店した丸栄の跡地には、令和4年にはマルエイガレリアが開業した。栄エリアでは再開発で都市機能強化を目指しており、広小路通周辺も目まぐるしく変わっている。

**昭和39年頃**

七間町通に今もあるメーフラワービルの屋上から栄を写す。写真右上に丸栄が見え、その左で複合ビルの栄町ビルが工事中である。同ビルは丸栄の前身の一つである十一屋百貨店の跡地に建てられ、写真の年に完成する。（提供＝上田四郎氏）

## 中区周辺

# 久屋大通周辺

**中区栄・昭和38年**
瓦通の2本南側の道を東に眺めている。現在の光の広場付近から東に入った辺りで、通り沿いに白鳥ホテルが見える。写真から西側、100メートル道路の中央分離帯南端周辺には公園やエンゼル球場があり、地元では一帯をエンゼルパークと呼んでいた。（提供＝鈴木久子氏）

**現在**
旧写真より少し西から写している。久屋大通公園が整備され、エンゼルパークだった辺りは久屋広場や光の広場となっている。

## 錦3丁目方面の眺め

**昭和31年**

西南を見ている。写真下側の道路上に名古屋市電熱田線の線路が走っている。上に延びる道は袋町通り。「もはや戦後ではない」という言葉が環境白書に載った年の名古屋市街である。（提供＝吉川普保氏）

## 久屋大通を望む

**昭和29年**

南に目を向けると久屋大通の広小路通より先にはまだ建物、家屋が残っている。写真右手の大津通には市電が見える。（提供＝株式会社名古屋テレビ塔）

中区新栄

# 皇太子夫妻の車列がゆく広小路車道

### 昭和43年
雨のなか、皇太子（現上皇）を迎える多くの人たちを和菓子舗・菊屋から写したもの。3月28日、名古屋駅に到着し、熱田神宮、名古屋港、がんセンター、一宮、犬山、瀬戸、愛知芸術大学を視察された。昭和42年に市電栄町線の今池までが路線撤去されたばかりで、中央分離帯の植栽もまだ若い。（提供＝小山孝氏）

### 現在
同じ店舗からの撮影で、左手が千種駅方面。広小路の南側に看板の見えた美よし寿司、化粧品・いとうや、タナカ薬局などの店舗は商業ビル、マンションなどに建て替わっている。

## 広小路車道交差点の南東角から西を見る

### 昭和30年代前半
右の道が広小路で、奥が栄方面。左に進むと新栄小学校に至る。写真の当時は同校の南に菊里高校があったが、昭和37年に星が丘元町へ移転した。（提供＝小山和夫氏）

中区大須

# 大須観音の祭りで賑わう

**昭和51年**

祭りの日の大須仁王門通商店街のようす。若宮大通、伏見通、大須通、南大津通の4本の通りに囲まれた範囲の商店街が総称して大須商店街と呼ばれており、歓楽街としても古くから栄えた。写真の頃には家電販売店やパーツショップなどが集まり、日本三大電気街の一つといわれるようになっていた。（提供＝麻生和代氏）

**現在**

大須では大須大道町人祭といった新たな祭りも創造され、今も活気ある街である。この界隈にアパレルから家電、グルメまで1,200もの店舗や施設がひしめいている。

71　変わる繁華街

## 中区大須 西大須の町並み

**昭和40年**
伏見通と大須通が交差する、現在の西大須交差点の眺めである。この交差点の南東角には昭和28年に「大須スケートリンク」とも呼ばれる名古屋スポーツセンターが開業している。
（提供＝川口久美氏）

**現在**
伏見通と大須通は車線が複数あり、比例して交通量も多い。またこの交差点は北東角から大須観音の表参道が延びる五差路である。

72

中区橘

# お輿入れ

## 繁華街を行く嫁入り道具
**昭和8年**
熱田神宮で結婚式の日、嫁入り道具を載せた車列が行く。かつては嫁入り道具を新婦側が新居へ運ぶ「荷物送り」という儀式があった。（提供＝山田尚美氏）

## 親戚一同とともに
**昭和8年**
「荷物送り」は、挙式当日に送り出すのが習わしともされ「荷宰領」の役目を担った人が手配をした。昔の婚礼には多くの重要な儀式が付随していた。（提供＝山田尚美氏）

変わる繁華街

# 中区栄
# オリエンタル中村のカンガルー像

**昭和50年代前半**

オリエンタル中村のマスコットとして正面玄関に立ち、長らく買い物客らを出迎えていた。「待ち合わせのカンガルー像」ともいわれて、ランドマークになっていた。（提供＝西脇晴美氏）

**現在**

店が三越に変わった昭和55年、三越のライオン像に取って代わられる。その後は三越の屋上に居を移し、今も保管されている。

中区栄

# 名宝会館

**昭和30年代**
写真左から朝日新聞、名宝会館が見える。名宝会館は伏見にあった老舗映画館。会館内に複数のシアターを擁していた。昭和20〜30年代は、映画が大衆娯楽の王様といわれた時代であった。（提供＝水野知彦氏）

**現在**
名宝会館は平成14年に閉館、跡地にはリッチモンドホテル名古屋納屋橋が建つ。旧写真左端の朝日新聞はアムナットスクエアとして超高層ホテル・ヒルトン名古屋と一体化し、右手の山下汽船の場所はテラッセ納屋橋となっている。

## 中区栄 納屋橋界隈

### 昭和26年

納屋橋は堀川に架かる広小路通の橋。明治19年に名古屋停車場が写真奥の笹島付近に開業し、駅が移転するまで通りは駅前通りとなり、繁栄し市電も敷かれた。写真では道にまだオート三輪がポツンと走るのみ。市電が市民の足として全盛を誇っていた。（提供＝大屋秀史氏）

### 現在

市電の線路がなくなって道が広くなった分、デザイン的な模様の歩道が整備されている。広小路通沿いにはビルが建ち並び、視界が狭くなった。

中区金山

# 金山橋電停前の市電

**昭和48年頃**

市電と自動車が信号待ちで居並ぶ光景。明治から昭和にかけて市民の足になり、また経済活動を支え活躍した路面電車だったが、自動車時代の到来により渋滞や事故の原因ともなっていく。写真は昭和49年に全線廃止される直前の頃である。（提供＝中田茂氏）

**現在**

写真は北を見ている。旧写真で道路沿い左側に建つ北陸銀行は建て替えられた。

# 東郊通の町並み

昭和区 白金

**昭和44年**
まだ名古屋市電が走っていた頃の景色であるが、すでに歩道には東郊通三丁目バス停があり、バスを待つ人びとが並んでいる。（提供＝山田清美氏）

**現在**
かつて市電の線路が走っていた道路中央は、分離帯となって名古屋高速3号大高線の橋脚が立つ。

# 御器所交差点付近

昭和区 阿由知通

**平成7年**

この年3月12日、名古屋国際女子マラソン第16回大会が行われた。選手を応援しようと多くの市民が沿道に並ぶ。同マラソン大会は平成22年まで毎年3月に開催されていた。(提供＝綿井靖子氏)

**現在**

旧写真より引いて1本北の交差点から、広く通りを写している。旧写真でジョーシンが建つ場所には、現在ではスギ薬局が建っている。

変わる繁華街

## 瑞穂区 瑞穂通

# 市民病院前の商店街

### 昭和38年頃

写真左には果物店の米澤屋が見える。通り沿いに名古屋市電の市民病院前電停があった。この付近に昭和6年から名古屋市民病院が建っており、商店街で見舞いの果物や花を買っていく客もいたという。（提供＝名古屋市瑞穂区役所）

### 現在

商店街を北に見る。今も片側式アーケードがあるが、昔からの店はほぼなくなったという。市民病院は名古屋市立大学病院となって昭和41年に現在地へ移転。跡地には名古屋市博物館が建てられた。

## 瑞穂区 大喜新町 通学路は牛巻商店街

**昭和38年頃**
長い間に商店が形成されていった地域が昭和37年に牛巻商店街として発足。付近には名古屋市電の牛巻電停もあり、活気あるようすである。（提供＝名古屋市瑞穂区役所）

**現在**
商店街のあった通りはほとんどが民家となった。全国でインフラが整うと大規模店舗や郊外店などもでき、昭和時代の華やかな商店街は各地で消えつつある。

# 雁道商店街付近の風景

瑞穂区 雁道町

**昭和38年頃**

写真のアーチは雁道通だが、商店街名は雁道商店街。大正期には町並みが形成されていたといわれ、名古屋の中でも古い歴史がある地域である。最盛期には市指折りの活況を誇っていた。
（提供＝名古屋市瑞穂区役所）

**現在**

東に眺める。ここより西の通りは片側式アーケードも設けられて商店街らしい通りだが、写真の辺りは店舗もかなり減っている。

## 市電雁道電停

**瑞穂区堀田通・昭和38年頃**

電停には大勢の人が待っている。車の量も多く、道沿いには「おとうさん　スピードを出さないでね」の看板が掲げられている。この辺りは戦前からの工場地帯であった。道路左に日本碍子（現日本ガイシ）の工場が見える。（提供＝名古屋市瑞穂区役所）

# 婚礼の日の尾頭橋付近

中川区 尾頭橋

**昭和31年**

結婚式のこの日、町を挙げて祝っているような賑わいである。背景は東海道本線の線路。尾頭橋近辺では江戸時代後期にはすでに商家が建ち、早くに発展した地域である。明治期には野菜市が開かれており、周辺では尾頭橋電停が名古屋市電下之一色線の起点として置かれた。(提供＝林その子氏)

**現在**

周辺には、東京オリンピック開催に合わせて昭和39年に東海道新幹線が建設された。写真には見えていないがJR尾頭橋駅が道の突き当たりにできている。

# 中川区 下之一色町 下之一色の地蔵堂

**昭和30年代**
町の目抜き通りである本町通りにある地蔵堂。下之一色には、地蔵堂の他、観音堂や寺社など、多くの祈りの場所がある。（提供＝正色学区）

**現在**
道路整備に伴い、周辺の建物は撤去されたが、地蔵堂は今も残る。本町通りの商店街は、地域内外の買物客で大いに賑わったが、まちの人口減少等により、商店街振興組合は解散し、店舗も数件となった。

## 熱田区 熱田神宮

# 初詣は熱田神宮

### 昭和40年

神宮西側、伏見通の正月風景。道路右側の歩道は露店が隙間なく連なる。歩道も道路も人や車で溢れている。ここから南にかつては東海道の宮の渡しがあり、古くより繁栄した地域であった。（提供＝山田清美氏）

### 現在

今も正月に大勢の参拝客が押し寄せる道である。写真右側に見える熱田神宮の杜も旧写真と変わらない眺めである。

## 笠寺西門交差点周辺

南区笠寺町西之門

**昭和46年**

写真左に「西門商店街」のアーチが見える。道路中央にある笠寺西門前電停は名古屋市電笠寺線の停留所。笠寺観音参りに多くの人が利用した。市電の中でも最後まで残っていた路線で、昭和49年に廃止される。（提供＝長坂英夫氏）

**現在**

市電の線路が敷かれていた通りの多くは広い道路で、市電廃止後は市の幹線道路となっている。

変わる繁華街

# 思い出いっぱいの屋上遊園地

### オリエンタル中村星ヶ丘店屋上遊園地
**●千種区星が丘元町・昭和後期**

昭和49年、オリエンタル中村の星ヶ丘店が開店し、屋上遊園地も開園した。家族でデパートへ「よそ行き」の服でお出かけして、屋上で「FAMILY　RAND」の文字が描かれたミニSL「フェニックス号」に乗って、皆満面の笑みである。（提供＝山中梅子氏）

令和六年「こどもの日」に、こんなニュースがテレビで流れた。創業以来およそ百年間、子どもたちに親しまれてきた松坂屋名古屋店の屋上遊園地が、一時休園。そして、来年の春、リニューアルオープンというものであった。

ノンフィクションライター夫馬信一氏によれば、明治三十六年、日本橋の白木屋に木馬やシーソーが置かれたことが、屋上遊園地の始まりだという。昭和六年に開店した松屋浅草店には、自動木馬やロープウェイの「航空艇」等がある屋上遊園地が置かれた。このとき「松屋七階に大スポーツランド出現」と大々的に宣伝され、各地に屋上遊園地ができていった。

翌年の二月六日の朝刊に、「日本にだけに見る怪奇現象　正道？邪道？デパートの興行化」という見出しがあった。そこには「欧米の百貨店には、我が国のような娯楽に類する設備は全然ありません」と書かれていた。百貨店の屋上遊園地は、日本独特のものだったようである。もっとも、この記事から百年近くたっているので、その後、海外でも屋上遊園地ができていたかもしれないが……。

屋上遊園地の全盛期は、昭和三十年から四十年後半にかけてだという。この時代、屋上遊園地は子どもたちにとって最高の娯楽施設であった。百貨店側も、最上階にお子様ランチのある大食堂を用意し、シャワー効果を上げるため、屋上遊園地の魅力を高める工夫をした。

そんな懐かしい思い出をもつ団塊の世代にとって衝撃的だったのは、令和五年十一月の朝日新聞の記事である。屋上遊園地

フォトコラム

### 名鉄百貨店の屋上遊園地①
●中村区名駅・昭和33年
手で回転させる遊具に乗って、お母さんにぐるぐる回してもらって遊ぶ子どもたち。デパートの屋上遊園地は、昭和時代には全国どこにでもあり、子どもたちにとって憧れの場所であった。（提供＝井上孝氏）

### 名鉄百貨店の屋上遊園地②
●中村区名駅・昭和44年
男の子は輝くような笑顔を見せている。デパートへ行っておもちゃ売り場へ、お昼はお子様ランチ、そしてメインは屋上遊園地。昭和の子どもにとって最高に「テンションが上がる」イベントとなっていた。（提供＝山中梅子氏）

### 松坂屋の「屋上遊園」① ●中区栄・昭和25年
バッテリーカーを運転してご満悦。柵が設けられており、内側を自由自在に乗り回せた。松坂屋では創業時から屋上遊園地があり、昭和12年開催の名古屋汎太平洋平和博覧会に合わせて増築をし、「マツザカヤユーエン　コドモノクニ」をオープンした。（提供＝宇山晃二氏）

を常設する百貨店は、なんと、全国で五店舗のみとなってしまったという。ショッピングセンターやテーマパークが人びとを集める時代となった今、シャワー効果を生んだ屋上遊園地の役割は終わったのだろうか。

そんな中で、冒頭でふれた松坂屋の屋上遊園地のリニューアルは明るい話題である。一方、三越名古屋栄店の観覧車が、平成十九年に国の登録有形文化財に登録された。屋上遊園地で最初に設置され、現在の二代目観覧車も現存する日本最古のものであるというのが登録の理由である。

団塊の世代にとって思い出の詰まった屋上遊園地、この先どのような姿となっていくのであろう。

（北原直樹）

# 思い出いっぱいの屋上遊園地

### 松坂屋の「屋上遊園」②
**●中区栄・昭和30年頃**
屋上遊園地のなかでも、飛行塔は1、2を争う大人気の乗り物だった。屋上遊園は令和5年まで営業し、親子孫の三世代で遊んだという人も。現在リニューアル中で、翌7年春に再オープン予定である。（提供＝丹羽昭子氏）

### 「零戦が帰ってきた」展開催
**●中区栄・昭和39年**
昭和37年にグアム島で発見された零戦が、返還後に修復をなされ、同39年に松坂屋名古屋店の屋上で展示された。伝説の名機の帰還に、大勢の人が押し寄せている。（提供＝伊藤好英氏）

### オリエンタル中村の屋上観覧車
**●中区栄・昭和35年**
オリエンタルビルが七階建てに増設された昭和31年、屋上に新しい遊園地が設けられた。写真の観覧車はこの時にお目見えした。同55年に三越と改称した後も残され、今では現存する日本最古の屋上観覧車として、国の登録有形文化財になった。（提供＝横山正雄氏）

## フォトコラム

### オリエンタル中村の屋上にて①
●中区栄・昭和37年
名古屋学院の学生がブランコに乗ってパチリ。屋上遊園地には電気仕掛け以外の遊具もあった。（提供＝川口久美氏）

### オリエンタル中村の屋上にて②
●中区栄・昭和53年
メリーゴーラウンドのように回る遊具を、横にある乗り物から見つめる幼子。あちらに一人で乗れるようになるのは、もうちょっと大きくなってから。オリエンタル中村は昭和55年から三越の名称となる。（提供＝中村千加子氏）

### 丸栄屋上遊園地
●中区栄・昭和36年
丸栄マークの飛行塔、「ダグラス」号の機上には母親と三姉妹が見える。家族連れでの楽しい一日の記念写真である。（提供＝松永雅子氏）

91　　フォトコラム　思い出いっぱいの屋上遊園地

# 遺産を残した博覧会

第10回関西府県連合共進会の賑わい ●昭和区鶴舞・明治43年
関西府県連合共進会は、殖産興業の大規模博覧会として明治16年に大阪府で開催され、以降数年ごとに各県で行われた。第10回は愛知県で、名古屋初の本格的な博覧会となり、延べ260万人という当時の市人口の6.5倍に及ぶ見学客が押し寄せた。（提供＝鶴舞中央図書館）

現在、いろいろな話題を提供している大阪万博。名古屋でも、記憶に新しい愛知万博だけではなく、多くの博覧会が開催されている。

明治四年に県内初の博覧会として開かれた「名古屋博覧会」から始まり、第十回関西府県連合共進会（明治四十三年）、名古屋衛生博覧会（大正十五年）、御大典奉祝名古屋博覧会（昭和三年）、名古屋汎太平洋平和博覧会（昭和十二年）などが戦前に開催された。戦後は、名古屋城博（昭和五十九年）、世界デザイン博覧会（平成元年）などが開催されている。

例えば、関西府県連合共進会では、いつの時代も様々な議論がなされてきたようだ。県議会で否決された経緯があった。さらに、興味深いのは、他の事業計画との関連である。鶴舞公園設置臨時委員会が明治二十六年にできる。そして、県への申請が同三十九年。その一年前に県の事業精進川改修工事計画申請が許可されていた。共進会の方はというと、明治四十年に愛知県への依頼があった。それから三カ月後に、県より公園建設の許可がおりている。精進川開削で生まれる土砂の行き先としての鶴舞公園、そこを活用した共進会。博覧会を他の事業と関わらせる手法が共進会でも見られた。博覧会開催の目的は時代によって様々であるが、多くが産業振興といった側面を持っていた。その中で、名古屋衛生博覧会の目的は少し異質である。

衛生博覧会は、衛生思想啓発のための催し物で、昭和の初期まで、各地で開催された。博覧会の展示物には、蝋人形や人体模型などを使った見世物的要素もあり、人気があった。江戸川乱歩は、そんなグロテスクな雰囲気を「鏡地獄」「悪魔の紋章」などの作品に取り入れている。また、娯楽的側面として、演芸館が併設されることが一般的であったようだ。

さて、共進会がなければ、鶴舞公園は……。世界デザイン博がなければ、名古屋国際会議場は……。

時代とともに変化してきた博覧会。今後どのような姿に変わり、なにを残していくのであろう。

（北原直樹）

フォトコラム

### 第10回関西府県連合共進会正門
●昭和区鶴舞・明治43年
開催にふさわしい会場として整備された鶴舞公園は、市が設置した初の公園でもある。回遊式庭園の中に恒久施設の噴水塔や、金閣寺を模した貴賓館など、豪奢な施設が造られた。写真は正門で、広場に建つ奏楽堂が見えている。(提供＝鶴舞中央図書館)

### 昭和に催された名古屋衛生博覧会
●東区東桜・昭和6年
東新尋常小学校を主会場として開催された際の絵葉書。写真は正門で「衛生大博覧会」と書かれている。衛生博覧会、同展覧会は、衛生や伝染病への理解を広めるため、全国各地で明治から昭和初期にかけて催された。(提供＝山本殖産株式会社)

## 遺産を残した博覧会

**名古屋衛生博覧会絵葉書**
◉中区新栄・大正15年
こちらは前ページ写真より前の大正15年に開催された時のもの。第一会場のようすである。学校からの見学者だろうか、制服姿の男子も。(提供＝山田實氏)

**名古屋衛生博覧会のトラホーム展示**
◉中区新栄・大正15年
トラホームは伝染性の慢性結膜炎で、当時は国内で大流行し失明者も多かった国民病である。大正8年にトラホーム予防法が公布され、全国で撲滅対策が実施されていた。(提供＝山田實氏)

**名古屋衛生博覧会の演芸館**
◉中区新栄・大正15年
東京少女歌劇団の展示館で「艶麗花の如き少女の集団」の文字が見える。演芸館は大正期に催された衛生博覧会では、余興として設置されることが多かった。(提供＝山田實氏)

フォトコラム

**名古屋汎太平洋平和博覧会の絵葉書①** ●港区港明〜港楽・昭和12年
添え書きには「外国館付近」とある。名古屋開港30周年にあたり、太平洋の平和と発展への貢献
を希求し、外国を招待する日本初の国際博覧会として開催された。（提供＝山田實氏）

**名古屋汎太平洋平和博覧会の絵葉書②** ●港区港明〜港楽・昭和12年
添え書きは「運河より平和塔付近を望む」。会場は東西に分割されており、東会場の中央に、博覧
会のテーマである「平和」を象徴する平和塔が高々とそびえる。一方の西会場では、国民の戦意
高揚を図る航空国防館がメイン施設であった。（提供＝山田實氏）

## 遺産を残した博覧会

### 世界デザイン博覧会①
●熱田区・平成元年

名古屋市制100周年の記念事業として、7月15日から11月26日まで名古屋城、白鳥、名古屋港の3会場で開催。「世界デザイン会議」や「国際ファッションフェスティバル」なども催された。写真は白鳥会場のNTTチャレンジ館。背後に見えるテーマ館・白鳥センチュリープラザは、後に名古屋国際会議場となる。（提供＝深谷ひろみ氏）

### 世界デザイン博覧会②
●熱田区・平成元年

写真は「空飛ぶ車」が大人気だった白鳥会場のトヨタグループ館。名古屋市ではこの博覧会を契機に、デザインを核として世界に誇り得るまちづくりを推進している。（提供＝深谷ひろみ氏）

# 記憶に残る懐かしの風景

戦災で焼け野原となった名古屋の復興を図るため、名古屋市は昭和二十一年、名古屋市復興計画の基本を発表した。戦時中の都市計画は、防災、特に防空対策に特化し、戦争目的に偏っていた。戦後の都市計画は、平和で民主的な都市の建設に向けて立て直しが図られた。その計画には、市域と二百万人都市、工業中心の地区（都市利用）、幹線道路の拡張等の重視がうたわれている。一方、文化都市の創造のために、既存公園の拡大、都市を中心とした大通り公園、墓地公園等公園施設計画、小学校と公園の一体的な配置及び近隣の盛り場（商店施設）等近隣住区の整備等が重視されている。こうした計画に基づいて、百メートル道路の設置や平和公園の建設と墓地移転などが進められていったのである。

また、交通機関の復旧と整備が進められていった。戦時下の路面電車は、空襲と資材不足の中で、軍需工場要員の輸送に主力が置かれていたが、戦後は市民の足の役割に復帰した。市営バスは、戦後、車両、燃料、部品の不足の中で、苦難の歩みが続いたが、少しずつ国内の自動車工業が復興し、復旧へと向かった。鉄道は、東海道本線が昭和二十八年に浜松〜名古屋間が電化され、その後、名古屋〜東京間、名古屋〜京都間が電化され、東海道全線の電化が完成された。地下鉄は、昭和三十二年、名古屋駅〜栄町駅が開通式を迎え、日本で三番目の地下鉄が誕生した。一方で、昭和三十年代後半になると、自動車交通量の激増により、路面交通は渋滞し、路面電車は都市交通の主役の座を明け渡すことになった。

その後、高度経済成長期には、激しい都市化に対処するために、都市計画区域の拡大が図られた。昭和三十八年に守山区、緑区、昭和五十年に名東区、天白区が分区して、十六区制となった。新市域を中心に宅地開発により道路や公園、宅地の造成が目に見えて進み、多くの住宅が建設されていった。

本章では、市民の方々や公所から提供された様々な写真が掲載されている。市内の有名な場所に限らず、様々な地域の街並み、人びとの生活や生業のようす、道路や交通機関のようすなどの懐かしい風景ばかりである。これらの写真の背景には、戦後の復興期、その後の高度経済成長期へと向かう時代の変化が映し出されている。こうした時代の変化を感じ取りながら懐かしい写真に思いをはせていただければ幸いである。

（戸田　一）

### 家族で行った東山公園

**千種区田代町・昭和29年**

戦乱を生き延びたゾウ・マカニーとエルドは、戦後の子どもたちだけでなく大人からも喝采を浴びた。東山公園へ遊びに、あるいは「ぞう列車」で行った誰もが2頭のゾウに目を輝かせ、猛獣がいる動物園に、平和な時代の到来を実感していた。
（提供＝山田清美氏）

# 東山通りの一社駅東付近から星ヶ丘方面を望む

名東区 一社

**昭和44年**

広小路は東山公園を東に過ぎるとその名を東山通りに変える。この頃は視界が開けている。千種区から名東区が分離するのは昭和50年なので、当時は千種区であった。
（提供＝武市宏子氏）

**現在**

沿道の樹木が大きく成長した。道路沿いにはマンションなど背の高いビルが建ち並び、空も狭くなっている。

**千種区 自由ヶ丘**

# 完成間もない頃の自由ヶ丘団地

**昭和30年**

大正から昭和にかけて、ここは陸軍の演習地であった。戦後の住宅難を解消するために住宅団地の造成が進んだ。自由ヶ丘という町名は、住民たちが募集し、選定し、請願して昭和30年に制定されたものである。左が写真提供者で、右がその母親。背景には丸みを帯びたバスが見える。（提供＝井上明子氏）

**現在**

市では現在、昭和45年度以前築の市営住宅を対象に建て替え事業を実施中。同時にそれを契機として、自由ヶ丘団地を含む千種台地区に新たなモデルタウンを構築する「千種台ふれあいタウン整備事業」が進行中である。

記憶に残る懐かしの風景

# 舗装前の砂利道の錦通

東区葵

**昭和35年頃**
場所は現在のホテルメルパルク名古屋の建つ付近で、背景の建物は国鉄アパート。錦通は戦後の都市計画で、伏見〜栄間を除く鉄道の高架線用地として確保されていた。実際には東山線が地下鉄となったため、道路として利用されることとなった。（提供＝前田博子氏）

**現在**
道路沿いはホテルメルパルク名古屋を始め、オフィスビルなどが建ち並んでいる。

# 坂上通り

東区 山口町

### 昭和32年
赤塚から一本東に入った道の風景。木製の電柱や凸凹の道路が時代を物語る。女の子の足元は大きな大人の下駄である。坂上通りの名前は、かつて存在した坂上町に因む。坂上町は貞享3年（1686）発足の歴史ある町だが、昭和55年に徳川2丁目と山口町に編入されて消滅。通りにその名を留める。（提供＝鈴木久子氏）

### 現在
道路は整備され、住宅が建ち並ぶ風景に昭和の面影はない。

# 北区周辺の情景

## 木津根橋付近
**北区辻本通・昭和40年代**

写真右手に見える木津根橋は、堀川に架かる橋の一つ。橋の名前は町名に由来する。中央やや左の白い建物はコーヒーショップ。周囲にはまだまだ田畑が残っていた。（提供＝名古屋市北区役所）

**現在**

堀川沿いは桜並木になっており、春は花見が楽しめる。周辺は住宅や駐車場になっている。木津根橋は写真の中央奥だが樹木の陰でほとんど見えない。

## 木津根橋越しに東を見る
**北区龍ノ口町・昭和6年**

堀川右岸からの撮影。対岸に「名古屋市下飯田公設市場」の看板が立つ。写真右手から左へ分かれる道は下飯田を経て上飯田方面に向かう一本道。（提供＝名古屋市北区役所）

西区城西

# 城西から名古屋城を望遠

**昭和35年**
戦災で焼失した名古屋城は昭和34年に再建され、写真はその翌年のもの。木造で瓦屋根の家々に、竿に干されている洗濯物。路地で自転車に乗る練習をしているのは母親と子だろうか。なにげない平和な日常を写した味わい深い一枚。(提供＝横山正雄氏)

**現在**
城西二丁目の紙漉(かみすき)南公園の北から東を見る。道の奥に西北隅櫓が小さく見える。この辺りでは、昔、紙漉きを生業とする家があり、旧町名も「紙漉町」といった。

# 防衛道路

辻本通　北区

**昭和37年**
通称で防衛道路と呼ばれた県道102号名古屋犬山線から名古屋城を望む。北区黒川本通を起点として犬山市に至る道路である。防衛道路の名称の由来は諸説あるが、一つには陸軍小牧飛行機場と関連があるという。（提供＝名古屋市北区役所）

**現在**
現在では道路は決して広いとはいえない。少し先を南北に走る名古屋高速1号楠線の高架が視界を遮り、見通すこともできない。

## 中村区 豊国通
# 大鳥居を北に見る

**昭和32年**

豊国神社の参道に建つ大鳥居は、高さ24.5メートル、柱直径2.5メートルと巨大。愛知郡中村が大正10年に名古屋市に編入されたのを記念し、昭和4年に建てられた。大鳥居の先に中村公園と豊国神社がある。舗装前の道路で現在のような交通渋滞もなく、ボンネットバスがのどかに走る。（提供＝玉田健治氏）

**現在**

舗装整備された豊国通の地下には地下鉄東山線が通り、沿道にはビルなどが隙間ない程に建つ。しかし道路脇にはイチョウが大きく茂り、大鳥居はなおも威容を見せている。

中村区 名駅

# 西比利亜(シベリア)出征軍歓迎凱旋門

**大正8年頃**

シベリア出兵は、ロシア革命を脅威としたイギリス、フランス、イタリア、カナダ、中華民国、日本が大正7〜11年に共同出兵した軍事干渉。名古屋からは名古屋城に本拠を置く陸軍第3師団が動員された。この凱旋門は納屋橋に建てられ、写真左に見える建物は現在も残る加藤商会ビルである。凱旋門の右に、かつて半田市で醸造されていたカブトビールの看板が見える。(提供＝竹内輝雄氏)

**現在**

凱旋門の下を走っていた市電は昭和49年までにすべて廃線となった。写真左の加藤商会ビルは「旧加藤商会ビル」の名称で平成13年に国の登録有形文化財となっている。

## 市電江川線

中村区 那古野

**戦前**
名古屋電気鉄道より市内の路面電車路線が大正11年に買収され、名古屋市電となった。市電江川線は浄心前〜船方間を運行。写真は志摩町から明道町辺りと思われる。埋め立てられる前の江川に沿って、市電が走っている。（提供＝鶴舞中央図書館）

**現在**
市電は昭和49年までに順次廃止され、この路線部分は同46年廃線。旧写真の江川は暗渠となり、名古屋市道江川線として拡幅整備されて市を南北に抜ける重要道路となっている。上には高架線の名古屋高速都心環状線が見える。

## 中区栄 矢場町電停の周辺

**昭和36年頃**
現在の矢場町交差点を西に見ている。当時は写真の家族の後ろを名古屋市電が走っており、矢場町電停が左側にある。電停の後ろにはバスが走っている。後年、この場所を東西に「100メートル道路」の若宮大通が整備され、右側の野立て看板の所に中京銀行本店が建つ。(提供＝尾碕光氏)

**現在**
若宮大通が完成し、昭和54年には中央分離帯に若宮大通公園も開園した。道路上には公園に沿って名古屋高速2号東山線の高架が走っている。写真左には歩道橋の矢場ブリッジが見え、旧写真からは想像もできない景観である。(提供＝尾碕光氏)

中区錦

# 久屋大通公園が完成する前のテレビ塔

**昭和30年代**

昭和28年にNHKテレビ本放送が開始され、名古屋では電波塔を建設することになった。整備中の100メートル道路の真ん中に、同29年に完成。戦災で名古屋城さえ失われた市民に、新しいシンボルが登場した。写真左下には32年1月から33年4月まで1年弱この場所にあった、中区役所の仮庁舎が見えている。（提供＝杉江由美子氏）

**現在**

昭和29年の開業以来、初めての全体改修工事を実施し、令和2年にリニューアルオープンを遂げた。翌年からは「中部電力ミライタワー」の呼称となっている。

# 大津通沿いにあった岩田モーター商会

中区 丸の内

**昭和31年**

写真左が桜通大津で右が大津橋方面。開店直後のようすか、花輪やくす玉で飾られている。ビルの屋上に掲げられている文字は、「陸王号」で知られた陸王モーターサイクルや「メイハツ」の明発工業、中区末広に本社を置く岩田産業の「B.I.M」といった、当時の有名バイクメーカーの宣伝である。（提供＝日比野宏生氏）

**現在**

昭和中期以降には新製品開発や販売競争が激化し、写真の陸王モーターサイクルや富士重工業も二輪車生産を停止するなど、中堅メーカーの撤退が続いた。販売店にも影響は少なからずあった。

中区栄

# 白川公園で

**昭和40年**

戦前に南寺町地区で公園が計画されたが名古屋大空襲で焼け野原となり、戦後に進駐軍のアメリカ村とされた。返還なった昭和33年よりようやく公園として整備が開始。公園設計は市初の一般公募となり、当代一流の造園家らが応募した。（提供＝上田四郎氏）

**現在**

名古屋市の中心市街部に位置しており、名古屋市科学館や名古屋市美術館が公園内にある。イベントも多々開催され、1年を通じて来園者が多い公園である。

# 鶴舞公園にて

昭和区 鶴舞

**昭和31年**
写真の竜ヶ池は鶴舞公園内で最も大きい池で、ボートを漕ぐ人びとの姿も見える。池の名は、明治期の名古屋市域の東南（巽）の方向に位置することに由来する。（提供＝谷聖代子氏）

**現在**
鶴舞公園再生計画が着手され、竜ヶ池は浮見堂の改修や護岸工事、周辺園路のバリアフリー化などが行われている。

112

## 鶴舞公園で行われたメーデー
**昭和37年**

労働者の祭典と呼ばれ、労働者の権利や人権を主張する運動として行われるメーデー。この当時は海運不況だったため、「軍艦より商船を」「海でつなごう世界平和」といったプラカードも見える。現在ではテラスポ鶴舞がある辺りはかつて陸上競技場で、メーデー会場となっていた。写真のデモ隊は、この後東別院を経て栄に向かった。（提供＝須田三恵子氏）

## 昭和区 鶴舞 山王通

**昭和38年**

まだ車も少なく街路樹も育っていない山王通。市バスの吸場町停が見える。戦時中、昭和18年の防空法改正で「人口と建物の疎開」が決められ、建物疎開が実施。これにより広幅員道路の計画地が空き、山王通や桜通などが戦後に建設された。（提供＝須田三恵子氏）

**現在**

東を見ている。この道は市道であるが交通量が多めで、道路に沿って名古屋都心環状線の高架が建設されている。

## カトリック南山教会聖堂

昭和区南山町

**昭和37年頃**
当初は南山学園の職員のための聖堂として昭和25年に建てられたもの。写真の鐘楼を持つ聖堂は同33年に完成し献堂式が挙行された。2つの外接円の円形聖堂という意匠を凝らした外観である。（提供＝宇佐美俊夫氏）

**現在**
街路樹が成長し旧写真の位置からは見にくくなったが、高い鐘楼は今も美しい鐘の音を響かせ、見上げる人びとの憧憬を集めている。

## 杁中の電停に続く道

**昭和区南山町〜五軒家町・昭和39年**
右手の建物は南山学園のピオ十一世館、左がライネルス館で未舗装の道が杁中の交差点に向かう。ライネルス館の名称は学園の創立者でドイツ人宣教師のヨゼフ・ライネルスに因む。子どもたちは、自由学園の幼児教育機関「生活団」からの帰り道。（個人蔵）

# 市大病院前の交差点

昭和区 桜山町

**昭和49年**

写真手前を横向きに走る道路は八熊通、奥へ延びるのは瑞穂通。交差点には庇を延長した片側式アーケードがあり、歩道沿いに商店が続く。瑞穂通沿い奥に剣陵会館の三角屋根が見え、そのさらに奥に名古屋市立大学病院がある。（提供＝麻生和代氏）

**現在**

桜山交差点を南東に見ており、写真の片側式アーケードは新しくモダンになっている。南東角に建つ昭和郵便局から道路奥に市立大学病院の大きなビルが見えている。

116

## 瑞穂区 瑞穂町
## 市立大学校門前の食堂や飲み屋

**昭和49年**

写真は名古屋市立大学の門前の通りで、食堂や飲み屋が軒を連ねる。授業を終えた学生が腹を満たしたり、仕事後の教授や研究者が一息つける場など、昭和の大学街らしい雰囲気を醸し出している。写真の頃の正門門柱は、かつて同大学の場所にあった名古屋高等商業学校時代のままで、掛けられた看板は左に名古屋市立大学、右に医学部だったという。（提供＝麻生和代氏）

**現在**

道路沿いに並んでいる多くの建物は住宅やマンションに変わり、落ち着いた街並みになった。

昭和区 高峰町

# 春岡小学校の遠足

**昭和43年**

児童らの行き先は、東にある東山公園であった。写真は北に見ており、後ろに中京テレビの送信塔・東山タワーが見える。名古屋のテレビ放送は開局順に名古屋テレビ塔を使用した。中京テレビのUHF電波用には場所がなく、昭和44年の同局開局時に独自に建てたものである。
（提供＝倉知桂子氏）

**現在**

中京テレビは移転したが、タワーはFMラジオの送信所や業務用無線の基地局となっている。丘陵地に建つ塔は、今も人びとに親しまれる。

118

## 瑞穂区 石田町
# 山崎川の堤防から

**昭和41年**
写真の場所は中部電力瑞穂変電所の東にあたる。見渡す限り高い建物などなく、遥か遠くまで視界が開けている。（提供＝安部武夫氏）

**現在**
堤防の周囲を建物が埋め、山崎川沿いには桜並木が植えられ、春には川を薄紅色に染める。瑞穂運動場はパロマ瑞穂ラグビー場などになっている。

# 瑞穂区東南地域の田園風景

瑞穂区関取町

**昭和38年頃**
昭和の原風景ともいうべきのどかな情景である。写真右上の高台に、西八幡社と宝蔵寺がある。この辺りはかつての弥富町で、幼稚園などにその名称を残す。（提供＝名古屋市瑞穂区役所）

**現在**
かつての田園は一面の住宅地になっており、小高い場所にある寺社もマンションなどに隠れて見えなくなっている。

120

瑞穂区松月町

# 春爛漫の山崎川

**昭和38年**
白雲橋付近から見た、桜咲き誇る山崎川の佳景。昭和初期に地元の土地区画整理組合が、山崎川の石川橋から南の両岸へ桜を植樹した。(提供＝名古屋市瑞穂区役所)

**現在**
今では日本さくらの会が制定したさくら名所100選にも「山崎川四季の道」として選定を受けている。

121　記憶に残る懐かしの風景

# 熱田神宮前電停周辺の風景

熱田区 熱田神宮

### 昭和48年頃

終点の昭和町へ行く電車を南に眺める。写真右が熱田神宮である。名古屋市電は昭和49年に全線廃止となるが、段階的に順次廃線されており、この路線は最終年まで運行された。（提供＝中田茂氏）

### 現在

道路左側の道沿いにあった商店街は、名古屋鉄道の神宮前駅西口周辺再開発で消える。令和6年に観光商業施設「あつたnagAya」が開業している。

122

# 市電が走った沢上橋

熱田区 沢上

**昭和30年**
東海道本線と名鉄名古屋本線を跨ぐ沢上橋（沢上跨線橋）西詰から東を見ている。この橋が昭和29年に完成したことで、市電路線の八熊東線東西連絡線の経路が橋上へと変更された。できたばかりの橋は車の通行もまだまばらである。（提供＝武市宏子氏）

**現在**
金山駅からも近い都市計画道路・八熊通として、車両通行の多い道となっている。

123　記憶に残る懐かしの風景

# 渋滞する高蔵電停付近

熱田区横田

**昭和48年頃**
路面電車が道路の真ん中を複線で走っていた。信号手前は線路の上まで自動車が停まり、いかにも狭そうである。昭和49年に名古屋市電が全線廃止となる直前の頃の光景。（提供＝中田茂氏）

**現在**
道路の真ん中を通っていた路面電車が消え、狭くて窮屈であった道路は広々している。旧写真にあった高蔵交差点北東角の山下機械（工具センター）は現在も営業中。

# 熱田築港絵葉書

港区港町

**明治40年頃**

添え書きに「（名古屋名所）熱田築港」とある。写真は灯台や上屋などが整備された鉄桟橋。明治40年、商工会議所の協力で熱田湊を擁する熱田町と名古屋市との合併が実現。熱田湊を名古屋港に改称し、同年11月には外国との貿易が許可される開港場として指定が叶った。（提供＝安井勝彦氏）

**現在**

鉄桟橋の先まで埋め立てられてガーデンふ頭になっている。写真の場所はすでに存在しないが、ふ頭内には名古屋港開港の出発点を讃える「鉄桟橋」跡地の看板がある。

# 松岡石油店前の国道1号

中川区 下之一色町

### 昭和40年代
昭和30年代までは伊勢湾有数の漁師町として名を馳せた下之一色町に車が走る。国道1号沿いのガソリンスタンドには、昭和40年に設立された共同石油の「共石マーク」が見える。国道はまだ拡幅されていない。（提供＝正色学区）

### 現在
国道1号の拡幅工事に伴い、沿道の風景は一変した。共同石油は平成期に「JOMO」の日鉱共石になり、後に「ENEOS」となるが、写真の場所にガソリンスタンドはない。現在では、ガソリンスタンドの多くが姿を消している。

## 中川区 下之一色町

# 市電 下之一色駅周辺

**昭和40年代**

この路線は下之一色電車軌道として始まり、かつて漁師町であった下之一色町と名古屋市を結んだ。昭和12年から名古屋市電となる。下之一色線と連絡し東側の築地口へ延びる築地線と合わせて、地元からは「一色電車」と呼ばれ、魚の行商人らが利用していた。(提供＝正色学区)

**現在**

写真の下之一色電停は現在の松蔭公園南西端にあった。当時、この辺りは専用軌道だったが、廃線跡は道路となっている。

中川区 下之一色町

# 庄内川、夏の風景

**昭和32年**
伝馬船のための桟橋も子どもたちにはお気に入りの場所。伝馬船は本船と岸を往復して人を運んだり荷の積み降ろしなどをするはしけである。河川などを往来する通船としても使用された。（提供＝山田清美氏）

**現在**
背景は一色大橋。護岸が整備された庄内川には河口までに大きな橋が何本も架けられ、伝馬船が往来することもない。

## 新川から見る景色

中川区 下之一色町

**大正11年**

船頭場から見た眺め。対岸は下之一色の中心部であり、写真中央に建つ洋館風の建物は薬局だという。大勢の町民らが詰め掛け、国旗が立ち並んでいる。青年同志会艪漕ぎ大会の一景。青年団活動華やかなりし時であった。(提供＝正色学区)

**現在**

伊勢湾台風後、昭和36年からの愛知県による高潮対策事業により堤防が建設されたことで、日常生活の一部であった水辺との距離が遠のくこととなった。

129　記憶に残る懐かしの風景

# 松蔭遊園地にて

中川区 下之一色町

**昭和2年**

正色尋常高等小学校の水泳練習風景の絵葉書である。松蔭遊園地は大正2年の路面電車開通に併せて下之一色電車軌道（後に名古屋市が買収して市電となる）が庄内川左岸に設けた水泳場で、松林と美しい砂浜が広がる観光地として人気であった。（提供＝正色学区）

**現在**

砂浜はなくなったが、樹齢二百年以上のクロマツを含む松並木が残り、市民らが犬の散歩やウォーキングをしている。また、右岸には、市内の大学の漕艇部の艇庫が立地し、ボート競技の練習風景が見られる。

# 下之一色の田園風景

中川区 下之一色町

**明治時代後半**

下之一色は漁業が盛んであったが、農業も営まれていた。当時の村長、森治郎氏の尽力により、明治39年3月、下之一色耕地整理事業に着手（全国で3番目）した。田園が広がる遥か向こうに、庄内川沿いに植えられた松林、右手には正雲寺が見えている。（提供＝正色学区）

**現在**

閑所と呼ばれる狭い路地が網目のように走る下之一色において、正色小学校の周辺の道路は道幅が広く、直線的であるため、耕地整理事業が実施された地区であることがわかる。

# 名古屋港の埠頭にて

港区 港町

**昭和30年**
岸壁に係留された船をバックに、ボラード（係船柱）にもたれて記念の一枚。ボラードは映画などで船乗りが片足を乗せたポーズを見た覚えのある人も多いだろう。名古屋港には昭和初期に西、中央、東埠頭が整備された。（提供＝宮下志保子氏）

**現在**
中央埠頭と東埠頭の間が昭和50年代に埋め立てられて、現在はガーデンふ頭となっている。

132

## ガーデンふ頭のイベント

**平成元年**

名古屋港の物流拠点だった中央、東、西の各埠頭が再開発とともにガーデンふ頭となり、臨港緑園など様々な施設が整備され、各所でイベントも行われている。写真は練習船「日本丸」のセイルドリル（総帆展帆）披露。（提供＝杉浦裕幸氏）

# 建設中の名港西大橋

港区

## 名港西大橋全景を望む
**昭和60年**

伊勢湾岸自動車道の飛島ICと名港中央ICの間に架かる橋で、この年3月に完成する。後年、名港中央大橋と名港東大橋の完成をもって、名古屋港の中央を横切る自動車道が繋がる。（提供＝麻生和代氏）

## 見上げる名港西大橋
**昭和60年**

連続する3長大斜張橋は平成10年に揃い、合わせて「名港トリトン」の愛称で名古屋港のシンボルとなった。美しい3つの橋は観光客に人気で、遊覧船のコースにもなっている。（提供＝麻生和代氏）

134

港区
中川本町

# 中川運河の中川口閘門

**昭和7年頃**
中川運河は水位が一定に維持される閘門式運河として昭和5年に竣工し、閘門（通船門）が整備された。これにより水位差のある中川運河と名古屋港を船で通航でき、新たな水運として笹島の名古屋駅貨物停車場までを結んだ。後には東支線に松重閘門も設けられる。（提供＝名古屋港管理組合）

**現在**
水運の盛況により、昭和38年には西側へ第二閘門が整備され、写真は第一閘門となった。陸上輸送の発達で平成3年に閉鎖。第二閘門は現在も使用されている。

# 築地線最終年の市電

## 港区浜

**昭和46年**

築地口交差点のビルには「名港プレイランド」の文字が見える。名古屋市電の築地線は、下之一色線とともに「一色電車」と呼ばれ親しまれていた。下之一色線は昭和44年に、築地線は写真の年に廃止されている。(提供＝溝口登志裕氏)

**現在**

写真は築地口の交差点を少し西側から北東に見ている。道路は整備されて広々とし、線路があった痕跡もない。

## 南区豊田 — 平屋の日清紡績の社宅

**昭和30～40年代**
日清紡績名古屋工場は大正期に操業開始。戦時中に空襲で被災したが、写真では多くの社宅が建ち並んでいる。日本では昭和25年の朝鮮特需により産業が復興し、南区では帝国人絹など繊維工場を中心とした多くの工場も建設されていた。（提供＝山科恵子氏）

**現在**
平成18年に名古屋工場は閉鎖され、跡地にはアピタ名古屋南店やビバモール名古屋南が建つ。

## 守山区 小幡 飛行免許取得の記念に

**昭和4年**
小幡ヶ原にあった名古屋飛行学校にて。「御國號」と書かれた写真の機体は、フランス製ニューポール飛行機という。同校は小幡ヶ原陸軍演習場内に、大正13年に開校された民間の学校であった。（提供＝杉浦裕幸氏）

**現在**
名古屋飛行学校は昭和14年に廃校になった。跡地付近は守山東中学校や小林公園となっている。同公園には区が「かつて見た守山」と題して銘板を設置している。

## 瀬戸街道・小幡の町並み

守山区 小幡中

**昭和44年**
道沿いに風情ある家屋が建つ。瀬戸街道は名古屋城下から瀬戸市へ続く道で、江戸時代は信州への塩街道であり、後年には瀬戸焼を名古屋へ運ぶ交易路でもあった。（提供＝長谷川和子氏）

**現在**
通り沿いはカフェやマンション、駐車場などになり、旧街道の趣はない。市ではこの周辺に今後も道路の拡幅と無電柱化を計画している。

# 下志段味のサイエンスパーク研究開発センター

守山区 桜坂

**平成9年**

市では土地区画整理やガイドウェイバス、ヒューマンサイエンスパークといった進行中の事業の発展指針として、平成9年に「志段味ヒューマン・サイエンス・タウン」を計画。志段味地区で各種整備が進められた。写真はいち早く開館したサイエンスパーク研究開発センター。（提供＝酒井広史氏）

**現在**

この後は駐車場や各種設備が整い、周囲には志段味環状第1号などの道路や住宅団地も建設されている。

## 桶狭間の嫁入り

緑区 桶狭間巻山

**昭和37年**

桶廻間伝承のある大池を背に、花嫁衣装に身を包んだ新婦の一行が、坂道を婚家まで歩いていく。この周辺は織田信長と今川義元による桶狭間の古戦場にあたるとされる地域である。（提供＝梶野信子氏）

**現在**

大池の畔には桶狭間古戦場観光案内所があり、毎年5月または6月の初めに、桶狭間古戦場まつりと、戦死者を供養し池の周囲に約3,500本のロウソクを点灯する「万灯会」が行われている。今日では旧写真のような嫁入り風景は見られない。

緑区 大高町

# 大高銀座通り

**昭和40年頃**

東海道本線大高駅の西に延び、銀座通りと通称される町の目抜き通りであった。靴店に化粧品店から荒物屋など、生活に関わる多様な商店が軒を連ねていた。常滑街道にあたり、道の奥は八幡神社。(提供＝淡河俊之氏)

**現在**

八幡神社は今も残るが、通りに店舗はなくなり、住宅がなどが建つ。

名東区 名東本通

# 西山口から星ヶ丘方面を見る

**昭和32年**

現西山口交差点から西を見た眺めである。写真の道から南の地域一帯では、昭和31年より猪高西山土地区画整理事業が着手された。土地区画整理事業は、道路や公園など公共施設の整備と、宅地利用の促進とを一体的に進める事業手法である。（提供＝加藤求氏）

**現在**

樹木が茂っていた丘陵はすっかり消え、舗装された道路が整備されて信号も設置。道沿いには病院やマンションの大きなビルが連なっている。

# 虹ヶ丘公園と北側の三差路整備中

名東区 にじが丘

**昭和33年**

猪高西山土地区画整理事業で道路、公園等の整備が実施され、三差路に挟まれた虹ヶ丘公園は昭和35年に開園する。また地区内の宅地造成を日本住宅公団が行い、新市街地を企図した約2,500戸の集合住宅団地を建設した。（提供＝加藤求氏）

**現在**

虹ヶ丘公園はバス通りと集合住宅団地との間に位置する。緩衝帯であるとともに、市民憩いの場となっている。

144

名東区 藤見が丘

# 松坂屋ストア藤ヶ丘店付近で

**昭和52年**
松坂屋ストア藤ヶ丘店の駐車場の横で、仕事仲間たちを写した一枚。藤ヶ丘店は昭和45年に藤が丘駅前の公団住宅の1階に出店した。写真奥に名古屋市交通局の藤が丘工場がある。（提供＝小股豊氏）

**現在**
松坂屋ストア藤ヶ丘店はその後、ピーコックストア、マックスバリュと変わった。藤が丘工場は今もあり、東山線の電車の車両整備などを日々行っている。

# 野並橋から東を見る

**天白区古川町**

**昭和35年**
天白川に架かる野並橋から東を見ている。周囲はまだ田畑ばかりであったが、間もなく鳴子団地の建設のため、トラックが往来することになる。
（提供＝山岸雅之氏）

**現在**
道路は拡幅されて見違えるほど広くなり、歩道もでき舗装もなされている。道路側には高層マンションが林立し、かつての面影は欠片もなくなっている。

天白区 野並

# 野並交差点から南東に鳴子団地を見る

**昭和48年**
昭和26年の公営住宅法制定により、各地で賃貸公営住宅が供給され始めた。市の東部丘陵地に位置している鳴子団地は昭和35年に起工され、同37年に入居開始。39年には1,900戸を超す大規模団地となった。（提供＝松岡保良氏）

**現在**
都市再生機構（UR）による団地再生事業で建て替えられ、アーバンラフレ鳴子など新しいマンションも建っている。

# 平針住宅

天白区 平針南

**昭和43年頃**
緑豊かな丘陵地に昭和中期から大規模住宅団地の開発が行われ、ベッドタウン化していった。平針住宅は昭和39年から入居が開始され、同40年には愛知県運転免許試験場が住宅団地の南へ移転してきている。(個人蔵)

**現在**
昭和53年の地下鉄鶴舞線開通により市中心部への便が良くなって人口が急増。地下鉄開業とともに周辺住宅地も開発されたが、現在は老朽化により建て替えが進んでいる。

フォトコラム

# 時代の変化とともに ～名古屋のシンボル 名古屋城～

名古屋城炎上
●中区本丸・昭和20年
第二次世界大戦中に大規模な空襲に見舞われ、名古屋城は火だるまと化した。激しい黒煙が上がり、空を暗くした。写真は朝8時頃の撮影だが、朝であるのに、暗い中に紅蓮の炎が浮かび上がる。（撮影＝岩田一郎氏、提供＝名古屋空襲を記録する会）

慶長十四年（一六〇九）、徳川家康が名古屋遷府を命令し、名古屋城が築城された。それから約二六〇年、江戸時代、名古屋城は御三家筆頭の城として堂々とそびえた。

しかし、明治時代になると、名古屋城内には、陸軍の施設が次々に建てられ、景観が一変した。明治四年に三之丸の武家屋敷が、明治六年には二之丸御殿なども取り払われてしまった。その後も、名古屋城内は陸軍にとって重要な拠点として、施設の充実が図られた。

明治二十六年、名古屋城の本丸と西之丸が陸軍省から宮内省の所管に移った。離宮とは、皇居の他に定められた宮殿のことである。「名古屋離宮」は、天皇や皇后を迎えること五十余度を数えた。

時代は昭和になり、昭和五年、「名古屋離宮」は宮内省から名古屋市に下賜され、名古屋城の呼び名も復活することになった。同五年には、城内の建物二四棟が国宝（旧国宝）に指定された。翌六年に、名古屋市は名古屋城を一般公開した。ようやく本丸内にだれもが入り、建物の内部を見学できるようになった。このようにして、名古屋城は名古屋の観光名所となったのである。

名古屋の観光名所となった名古屋城であったが、昭和二十年五月十四日、空襲により焼失してしまった。この日、米軍はB29爆撃機、およそ五〇〇機ほどを投入し、大量の焼夷弾を投下した。この日の空襲で、天守、本丸御殿など、多くの国宝建造物が焼失した。

戦後、名古屋のシンボル名古屋城の再建を願う動きが見られ、その声は日増しに高まった。費用集めの募金には、市民はもとより、県民や国の内外からも多くの寄付が寄せられた。昭和三十四年、名古屋城の再建が叶い、名古屋のシンボルとして新たな歴史を開いた。現在まで、何度も大規模な博覧会を開き、多くの人の憩いの場となった。そして、令和六年、名古屋市は多くの犠牲者を悼み、戦争の悲惨さを語り継ぐために、名古屋城が焼失した五月十四日を「なごや平和の日」に制定した。

名古屋城は平和のシンボルとしても位置づけられたのである。（戸田 二）

*時代の変化とともに* ～名古屋のシンボル　名古屋城～

**名古屋鎮台●中区三の丸・明治19年頃**
写真は現在の愛知県体育館の西側にあたる。明治5年に名古屋城に置かれた東京鎮台第三分営が、翌6年の徴兵令公布に伴って名古屋鎮台に昇格し、二之丸、三之丸に兵舎などが整えられた。同21年に鎮台制が廃止され、名古屋鎮台は第三師団に改編されることになる。（提供＝鶴舞中央図書館）

**南支出征記念●北区名城付近・昭和15年**
写真提供者の義父がフィリピンに出征した。名古屋城を背に、練兵場を出発する部隊。練兵場は今の名城公園の場所にあった。（提供＝米田幸雄氏）

# フォトコラム

### 名古屋城見物
◉**中区本丸・昭和15年**
昭和に入って離宮は市に下賜されて再び「名古屋城」となり、昭和6年より一般公開された。公開初日の観覧者は約6,300人で大盛況だったという。その後も観覧者は増え続けたが、写真の天守は太平洋戦争中に焼失してしまう。（提供＝谷聖代子氏）

### いっこく会の市内行進
◉**中区・昭和30年頃**
「いっこく会」とは、一刻も早く名古屋城を再建しようとの目的で結成された、名古屋一流の商店主団体。名城再建の合言葉が書かれた「いっこく傘」を中区の各小学校へ寄贈したり、映画スターとの野球大会を開いたりと世論を盛り上げ、活動は市民の心を動かしていく。（提供＝日比野宏生氏）

### 尾張藩時代からの名古屋城
◉**中区本丸・大正末期～昭和初期**
写真は天守と西南隅櫓。天守は慶長17年（1612）に完成した。以降「尾張名古屋は城で持つ」といわれる名古屋の誇りとなり、昭和5年には城郭として初めて旧国宝に指定された。
（提供＝鬼頭広氏）

151　フォトコラム　時代の変化とともに　～名古屋のシンボル　名古屋城～

## 時代の変化とともに ～名古屋のシンボル 名古屋城～

### 再建起工式
●中区本丸・昭和32年

祝賀のため、起工式前夜から急遽建てられたという大櫓（やぐら）は、焼失した天守の金鯱までと同じ高さで「祝金鯱城起工式」の文字が見える。最終的に再建費用の3分の1が寄付で賄われた天守再建。市民の喜びは如何ばかりであったろう。（提供＝名古屋タイムズ・アーカイブス委員会）

### 大小天守鉄骨組み中
●中区本丸・昭和33年

再建名古屋城は「二度と再び燃えないように」との市民の願いを込め、鉄筋コンクリート造となっている。写真右に見える西南隅櫓は、名古屋大空襲をくぐり抜けた数少ない尾張藩時代の遺構として、現在は国の重要文化財となっている。（提供＝前田達也氏）

152

## フォトコラム

### 再建中の名古屋城天守
◉中区本丸・昭和34年
最上階は展望室となっており、窓は眺望機能を優先して焼失前に比べて幅が広くされた。
（提供＝大山眞五氏）

### 金鯱が市内をパレードした日
◉瑞穂区瑞穂通・昭和34年
大阪の造幣局で鋳造された金鯱の雄が完成し、華々しいお披露目パレードが行われた。写真は金鯱に続く車列が現瑞穂通8丁目付近を行くところ。雄は3月、雌は8月に、大阪より東海道を経て名古屋へお国入りした。（提供＝大山眞五氏）

### 名城公園より名古屋城を見る
◉北区名城、中区本丸・昭和39年
再建された名古屋城が遠目にも映える。写真の年は東京オリンピックが開催され、賓客を迎えるために庭園も美々しく整備されている。（提供＝川口久美氏）

# 名古屋の祭りは、わっしょい、チロリン

### 今池の子供獅子 ●千種区今池・昭和29年

「今池小若」の法被を着た子どもたちが「ワッショイ！」と獅子頭を持って賑やかに町を練る。各家を訪問してご祝儀をもらい、後で子どもたちで山分けするのが楽しみだった。道の奥にルーテル幼稚園が見えている。（提供＝谷聖代子氏）

ドドーンと午前五時、朝の静寂を破って、尺玉が打ち上げられる。熱田祭の始まりは早い。子どもの頃、蒲団から飛び起きたものだ。祭りが大好きな私は、もう寝られない。小学校は二時間目で終了。一〇時になると勅使が到着されるので、花火が次々と上がり、祭り気分一色になる。勅使が天皇のお供えを持ってこられる祭りは、たいへん格式が高い。日本武尊以来、熱田は格式高いところ。かつては、高さ二〇メートルの大山が街を練り、電線で曳けなくなった後は巻藁船が出たが、今は神宮門前の献灯巻藁提灯のみ。誠に寂しい。

名古屋の祭りは、東照宮祭、若宮祭、那古野神社の天王祭、名古屋まつり、広小路夏まつり、戸田まつり、港まつり、大森天王祭、にっぽんど真ん中祭り、熱田祭等々、上げればキリがない。有名なのはからくり人形の載った山車祭。日本一の規模を誇るのはど真ん中祭り、三英傑行列や花電車（後には花バス）が出るのは名古屋まつり。とにかく名古屋は祭りだらけ。

名古屋城が完成し、碁盤割りの町並みができたのが慶長十八年頃。家康の経済拠点化政策によって、名古屋城が作られ、町並みが作られた。名古屋城は戦いのための城ではない。家康の政策をさらに進めたのが尾張七代宗春。「温知政要」二一箇条を基に、規制緩和による経済活動活性化に成功。名古屋職人・商人の活躍は日本の物作り・物売りの中心となり、農業も新田開発や二毛作の普及などで生産性を上げて、尾張は実質二〇〇万石と言われるようになった。その余力で祭礼も盛んとなり、享保十八年には京都から機関人形師・玉屋庄兵衛を迎え、からくり山車が盛んに作られ、祭りに花を添えた。現在も、尾張のからくり山車は日本一の数を誇る。

この祭りで、一番身近だったのは獅子と笹提灯。各町内毎に獅子の

154

## フォトコラム

### 高牟神社の秋祭り
●千種区今池・昭和30年
古井の八幡・高牟神社で2日間にわたって行われる例大祭、10月15日の氏子大祭にて。美しい屋台の造花屋に、晴れ着を着た女の子たちは釘付け。隣の屋台では「おみやげ」の袋を売っている。（提供＝谷聖代子氏）

### 出来町天王祭①
●東区出来町・昭和15年
天王車の鹿子神車とともに、男衆が記念撮影。古来名古屋と近辺地域では、疫病を司る牛頭天王を祀り病を鎮める天王信仰が盛んである。出来町天王祭は須佐之男社（天王社）の祭礼で、山車は天王車とも呼ばれる。写真の添え書きに「紀元節の奉祝」とある。（提供＝林正人氏）

### 出来町天王祭② ●東区出来町・昭和59年
夜景の中、出来町通に3輌の山車が見える。出来町天王祭では西之切の鹿子神車、中之切の河水車、東之切の王羲之車が曳行される。道路の奥が古出来町、手前が市役所方面になる。（提供＝酒井広史氏）

宿が設けられ、上級生が獅子頭をかぶり、小さい子たちは鈴の付いた油単（ゆたん）につかまって、わっしょい、チロリンと声を張り上げて祭りに参加する。祭りの当日には、各家庭で一本の笹に多数の提灯を掲げ、夜に入ると点灯する。その提灯に照らされながらお参りするのもまた祭りだった。

名古屋の祭りは特徴的だ。勅使を迎える祭り、日本一の規模を誇る祭りから、細やかな町内の子どもだけの祭りまで、古代から現在まで、いずれも名古屋の繁栄と活力の象徴である。

（安田文吉）

# 名古屋の祭りは、わっしょい、チロリン

## 出来町天王祭③
**◉東区大松町・昭和58年**
王羲之車が街を行く。通りには大松通のアーチが見え、通過できるように山車の屋根を低くしている。写真右の大東金物は今も営業している。（提供＝酒井広史氏）

## 車道の夏祭りにて
**◉東区葵・昭和20年代後半**
近くの公園に舞台を作り、出し物を披露。このためにお揃いの浴衣を町内で作ったという。（提供＝近藤由美子氏）

## 子ども相撲大会優勝
**◉東区徳川・昭和30年代**
優勝旗を持ち、凛々しくまわしを締めた若き益荒男（ますらお）たちが写る。赤塚神明社の大鳥居前での記念の一枚。同社は元和2年（1616）から地域の氏神として尊崇される神社で、名古屋城と徳川園を結ぶ「文化のみち」の中間に鎮座している。（提供＝林正人氏）

## フォトコラム

### 子供会のお祭り
●東区葵・昭和34年頃

獅子頭を掲げ、皆で町の家々を巡り、ご祝儀をもらう。町内に設けられた子供連の会所へ帰って皆で分け、自分の取り分の袋を持ってご満悦。法被には「安房町子供連中」の文字が見える。（提供＝六厩真彦氏）

### 筒井町天王祭
●東区筒井・昭和29年

宵祭りのようすで、「筒井町通」とネオンが輝くアーチをくぐる神皇車が見える。筒井町天王祭は名古屋の夏祭りの先陣を切って斎行され、神皇車と湯取車の2輌が町を練る。（提供＝加藤善久氏）

### 筒井町のお祭りで
●東区筒井町・昭和30年頃

子供連のお祭りは、獅子頭の子に続き掛け声をかけながら町内を廻る。獅子頭を被れるのは一番年長の子がほとんどで、小さい子たちはぞろぞろついて行くだけだが、皆で練り歩くだけでも心浮き立ったものだった。当時は子どもの数が非常に多く賑やかだった。祭りの宿の前辺りで。（提供＝宇山晃二氏）

157　フォトコラム　名古屋の祭りは、わっしょい、チロリン

# 名古屋の祭りは、わっしょい、チロリン

### 大曽根町子供連
● **東区徳川・昭和47年頃**
関貞寺に隣接した公園で記念写真。獅子頭が5つもあり、幼子の持つ提灯には「獅子連」の文字も。法被に祭り鉢巻もきりりと締めて、皆気合の入った表情である。（提供＝山中梅子氏）

### 法蔵寺の稚児行列
● **西区新道・昭和48年**
稚児行列は、寺院の新築修築を祝う落慶法要や新住職のお披露目を行う晋山式、また祭礼の時にも行われる。子ども自身が神仏に仕える伝統行事で、稚児になるのは貴重な御縁とされる。（提供＝宇佐美俊夫氏）

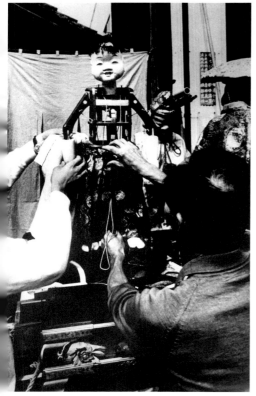

### 祭礼準備中の二福神車からくり人形
● **中村区名駅・昭和48年**
山車蔵にて、人形に服を着せている。写真は、山車の前棚に乗り、運行に合わせて采配を振る「采振り人形」のよう。二福神車は名の通り恵比寿と大黒の二福神が上山に乗る山車で、三之丸天王祭の見舞車として文政4年（1821）に製作された。（提供＝永田哲也氏）

158

## フォトコラム

### 花車神明社祭の二福神車
◉中村区名駅・昭和37年

錦通りを行く二福神車。花車神明社の秋の祭礼では、二福神車、紅葉狩車、唐子車と、山車3輌の曳行が見られる。（提供＝永田哲也氏）

### 冨士浅間神社の祭礼
◉西区浅間・昭和61年

美濃路と県道63号の交差点より東を見る。子どもたちも曳いている山車・雷車は、戦前の東照宮祭で曳行されていた雷電車を模している。屋根はなく、上山に「雷神」、前棚に幣を持った「神主」の人形を乗せる。写真左端のおさかな丸正は現在も営業中。（提供＝酒井広史氏）

### 太閤まつりの日の通り
◉中村区藤江町・昭和39年

写真は付近にあった川村製菓の辺り。太閤まつりは、明治18年創設の豊臣秀吉を祀る豊國神社の祭礼である。戦後間もない昭和23年から斎行され、現在では地元各町から神輿や踊り行列も繰り出し、県内外から多くの観光客が訪れる。（提供＝川村忠信氏）

159　　フォトコラム　名古屋の祭りは、わっしょい、チロリン

名古屋の祭りは、わっしょい、チロリン

**東照宮祭** ●中区丸の内・明治末頃

祭りは家康公三回忌の元和4年（1618）に始まり、その翌年に名古屋東照宮が創建された。華麗な9輌の山車揃が知られた城下最大の祭りで、戦前まで「名古屋祭」とはこの祭りであった。戦災で山車がすべて焼失し、戦後になって市の商工祭が「名古屋まつり」の名を受け継ぐ。（提供＝鶴舞中央図書館）

**那古野神社の天王祭**

●中区錦・昭和31年

写真は神輿渡御のようす。同神社はかつて名古屋城三之丸に鎮座しており、その祭礼は三之丸天王祭と称した。戦前までは東照宮祭と若宮祭とともに、名古屋三大祭りと讃えられていた。（提供＝日比野宏生氏）

160

フォトコラム

### 若宮まつり① ●中区栄・昭和60年
若宮八幡社の例祭である。戦前は7輛の山車が街中を練っていたが、現在は福禄寿車のみが残る。福禄寿車は名のごとく、からくり人形「福禄寿」を乗せており、南極星車などとも呼ばれる。写真は山車が本町通を曳かれているようす。（提供＝中島正明氏）

### 若宮まつり②
●中区栄・昭和60年
福禄寿車が若宮八幡社の鳥居をくぐる。この山車は名古屋型で、山車内部の機構で屋根の上げ下げを行える。名古屋型は名古屋城城下町で発展したからくり人形を乗せる型の山車で、市内にある山車の多くを占める。（提供＝中島正明氏）

161　フォトコラム　名古屋の祭りは、わっしょい、チロリン

名古屋の祭りは、わっしょい、チロリン

### 七間町橋弁慶車 ●中区・戦前

からくり人形「牛若丸」と「弁慶」が、山車に設けられた五条橋で大立ち回りを演じる。戦前まで東照宮祭で斎行されていた山車揃の1輌だったが、名古屋大空襲で失われる。この山車も、祭りで一番の人気を誇ったからくり仕掛けも、もはや二度と見ることはない。（提供＝鶴舞中央図書館）

### 紅葉狩車 ●中区・昭和35年

山車は上花車町で文政年間に製作されたと伝わる。戦災での損害から修復がなった昭和28年から祭りで曳き出されるようになった。山車全体が紅葉の意匠であり、壇上のからくり人形も能の「紅葉狩」。この後、同42年に大修理が施される。（提供＝山科恵子氏）

### 名古屋まつり①
●中区栄・昭和45年

郷土英傑行列から、淀君の行列である。英傑行列は名古屋まつりが始められた当初から、名古屋の老舗百貨店が演出を受け持っている。丸栄が豊臣秀吉隊の担当で、「醍醐の花見」をテーマとしており、女性枠は正妻のねねでなく淀君であった。（提供＝武市宏子氏）

フォトコラム

## 名古屋まつり②
◉**中区栄・昭和44年**
名古屋まつりでは郷土英傑行列以外にも様々なイベントやパレードも催される。市制80周年を迎えたこの年、名古屋市電の電車が美々しく花電車と化した。協賛は大須ういろか。「ゲゲゲの鬼太郎」の装飾もされている。花電車は昭和48年の市電廃止まで見られた。(提供＝武市宏子氏)

## 名古屋まつり③
◉**中区三の丸・昭和44年**
まつりと市制80周年を兼ねて祝う名古屋市役所。名古屋まつりは、江戸時代より戦前まであった城下最大の祭り「東照宮祭」を模した市民祭りで、第1回は昭和30年に名古屋商工まつりとして開催。東照宮祭は山車揃が見所だったが戦災で損壊し、修復された山車が商工まつりにて街を練った。(提供＝武市宏子氏)

名古屋の祭りは、わっしょい、チロリン

### 名古屋まつり④
●中区丸の内・昭和50年代

写真は山車揃に参加した福禄寿車。江戸時代から名古屋三大祭りの一つであった若宮八幡社の例祭・若宮祭の山車である。名古屋まつりでの山車揃は、昭和30年の第1回から行われている。（提供＝中島敏秋氏）

### 広小路夏まつり
●中区栄・昭和60年

広小路通りで行われる名古屋の夏の風物詩である。栄交差点から広小路伏見交差点が遊歩道となり、夏祭りパレードやステージイベントなど様々な催しが繰り広げられる。写真では船型の山車「広小路丸」の上での踊りのようす。（提供＝中島正明氏）

### 大須観音の祭り
●中区大須・昭和51年

正しい寺号は北野山真福寺宝生院。大須観音の俗称で知られており、広く崇敬され親しまれている。本殿は明治時代の大須の大火と空襲で2度にわたり焼失したが、昭和45年に再建。祭事の日の境内には聖観世音菩薩の幟が立ち、露店にはビニールのボールや人形が見える。中には昭和35年に発売され一世を風靡した「ダッコちゃん」に似た人形も。（提供＝麻生和代氏）

フォトコラム

### 獅子頭を持って
◉昭和区鶴舞・昭和46年
祭りの日、初めて獅子頭を被らせてもらったのか、ニコニコ顔の女の子。町内祭りでは子どもたちが行列して町中を廻った。（提供＝西脇晴美氏）

### 眞好社に集合した子どもたち
◉瑞穂区瑞穂通・昭和35年
眞好社の境内で催された町内のお祭りで。これから獅子頭を持って「ワッショイ！ ワッショイ！」と出かけるところか。家々で駄賃をもらって山分けするのもお楽しみ。眞好社は昭和58年に眞好天神社と改称している。（提供＝井上孝氏）

### 中山神明社の祭礼で
◉瑞穂区中山町・昭和56年
駒場町中部の小若連が祭りの記念に。中山神明社は寛文7（1667）年に創建されて以降、熱田大神や若宮八幡社など様々に歓進合祀を重ねている。（提供＝麻生和代氏）

## 名古屋の祭りは、わっしょい、チロリン

### 熱田まつり
◉熱田区玉の井町・昭和30年
「小若」の法被を着た女の子ふたり。熱田神宮の例祭は、熱田まつり、尚武祭とも称される。天皇勅使の参向があって最重要とされ、花火大会など名古屋に夏を告げる華やかな祭りとして地域にも親しまれる。（提供＝深谷ひろみ氏）

### 大門通りでの川祭り（一色祭り）
◉中川区下之一色町・大正時代
地域の氏神である浅間社の前で化粧を施した稚児たちが並び、周りには大勢の男衆。かつては新川に巻藁船を浮かべ、浅間社の祭礼行事を盛大に祝ったが、昭和37年を最後に巻藁船は陸に上がった。現在、隔年で開催される一色祭りの際、ここ大門通りで巻藁屋台を見ることができる。（提供＝正色学区）

### 大門通りの浅間神社
◉中川区下之一色町・令和6年
明治24年の濃尾地震の際、道の狭さゆえ逃げ場を失った40人あまりが亡くなった。村長の森治平は政府の命を受け、震災の翌年に大門通りの道幅を広げ、災害時の避難場所とした。現在、隔年で開催される一色祭りでは、最も賑わいを見せる場所でもある。（撮影＝服部純司氏）

フォトコラム

### 一色の川祭り①
◉中川区下之一色町・昭和31年
神楽屋形や神楽太鼓を載せた船が川を行く。浅間社へ大正7年に付近の天王社が合祀され、川祭りはその頃から行われるようになったといわれる。当時は一色の川祭りと称され、新川に巻藁船なども浮かび、華やかであった。（提供＝山田清美氏）

### 一色の川祭り②
◉中川区下之一色町・昭和31年
浅間社の鳥居前にて。花笠を被った女の子たちや太鼓を叩く男衆が町を練る。伊勢湾台風の後に漁師町としては終焉を迎え、川祭りの巻藁船は昭和37年を最後に終了。現在は「一色まつり」として継承され、隔年で盛大に行われる。（提供＝山田清美氏）

### 荒子の観音さんの節分会
◉中川区荒子町・昭和35年
同寺は名古屋城の四方に位置し、城を守護する尾張四観音の一つ。山門の仁王像、1,250余体の円空仏で知られる。正式名は観音寺であるが、荒子観音や荒子の観音さんと呼ばれ親しまれている。この日は節分、春と福を呼び邪気を払う豆まきがあり、境内には善男善女が集まる。（提供＝山田清美氏）

## 名古屋の祭りは、わっしょい、チロリン

### 戸田まつり
**●中川区戸田・昭和41年頃**
鈴宮社の境内で子供連の記念写真。戸田まつりは戸田の壹之割から五之割まで地区ごとの神社が一体となり開催される。約300年以上の伝統があり、各割よりからくり人形の乗る山車が曳き出される。（提供＝杉浦裕幸氏）

### 港本町1丁目の祭り
**●港区浜・昭和46年**
ヨコイピーナッツ港工場の辺りから西築地小学校の間の道を東に見ている。港本町1丁目の幟旗、祭りの大団扇を持つ揃いの浴衣。後には山車が続いているのが見える。（提供＝舟橋和文氏）

### 大森天王祭
**●守山区天子田・昭和61年**
江戸時代に提灯を掲げた大八車を曳いて疫病を鎮めたことが起源とされ、後には大八車に代わり天王車と呼ばれる山車が曳かれた。かつて大森村では、村を構成する5嶋に各々天王社が鎮座していた。現在は合祀され、八劔神社の境内社となっている。（提供＝酒井広史氏）

168

# 時の流れに移ろう建造物

この章では、明治から平成にかけて造られた銀行、役所、レジャー施設等の建造物を取り上げる。

文明開化のなか建築様式も大きく変化した。それは西洋の模倣をした擬似西洋建築から始まった。その後、本格的に西洋建築を学んだ建築家たちの活躍が始まる。名古屋では、鈴木禎次、そしてその教え子の篠田進、中村順平ら、現在の名工大の卒業生が活躍した。名古屋国技館、鶴舞公園噴水塔、愛知県商品陳列館などがそれである。こうした建造物のほとんどは今、見ることができない。もし、残っていれば街の雰囲気は変わったものになっていただろう。

濃尾・関東大震災をへて、鉄筋コンクリートの建物が造られるようになる。「名古屋工業大学建築科110年の歴史」によれば、名古屋で最初の鉄骨鉄筋コンクリートは、共同火災名古屋支店（大正二年）であるという。この建築にも名工大の卒業生が関わっていた。

この時代に作られた鉄筋コンクリートのビルの多くは、戦災と都市の開発により、姿を消していった。本章に掲載された住友銀行名古屋支店は、大正十四年に建てられ、戦災を生き延びた。しかし、平成十年に取り壊されてしまった。街の発展とともに、区役所も移転、改築が行われた。瑞穂区役所もそのような一例である。名古屋駅周辺も、そのようすを大きく変えた。JRセントラルタワーズ建築風景や名古屋ドーム建設中の写真は、そうした街の変化の一端をとどめている。

さて、世の中が安定していく中、様々なレジャー施設も、生まれては消えていった。明治四十三年には、名古屋教育水族館とそれに併設した南陽館が誕生。温泉がなかった名古屋に温泉旅館「泉楽園」が誕生した。その旅館も昭和十九年の東南海地震で倒壊焼失してしまった。現在は泉楽公園としてその名をとどめている。

東山動植物園内の遊具、姿は変われど、今も昔も、大人も子どもも楽しめるレジャー施設である。平成二十九年にリニューアルしたコンクリート製の恐竜像。その完成当時の姿を残した写真も貴重な記録である。

名古屋競馬場の観客のようすは、競馬ファンにとっては懐かしい風景である。

街の発展に伴う新陳代謝は、これからも様々な思い出を生み出していくであろう。

（北原直樹）

### 東山植物園の歴史を秘めた温室

**千種区田代町・昭和39年**

東山植物園の温室は前館と後館があり、写真は昭和12年の植物園開園当初から公開している前館である。「東洋一の水晶宮」と讃えられた大温室で、国内に残る公共の温室では最も古く、平成18年に国の重要文化財に指定された。（提供＝川村忠信氏）

千種区 田代町

# 東山公園

### 東山公園のボート池
**昭和33年**

公園内の上池にはボート乗り場があり、春はボートで超満員。余りに人気すぎて「カップルで乗ると別れる」というウワサ話も。(提供＝山田清美氏)

**現在**

今も親子連れなどがボート遊びを楽しむ。ちなみに、スタッフはウワサを逆手にとって、話題作りの材料に。平成19年には「私たちは別れません」と書かれたピンクのボート「ラブチャレンジ号」がお目見えしたという。

## 東山公園のゴーカート
**昭和39年**

東山公園は東山の丘陵地に建設され、高低差を利用した施設もある。写真のゴーカートもその一つで、高所にある乗り場から下っていく。爽快感を味わえて見晴らしも良く、大人にも子どもにも人気であった。（提供＝川口久美氏）

## 東山動物園の恐竜と
**昭和31年**

昭和13年に開園1周年を記念して古代池に造られた、写真右からブロントサウルス、トリケラトプス、イグアノドンの3体のコンクリート製恐竜模型。太平洋戦争をくぐり抜け、平成29年にはリニューアルされて、今なお市民に親しまれている。（提供＝山田清美氏）

# NHK名古屋放送会館を背に

東区東桜

**昭和37年**

大正14年発足の名古屋放送局がNHK（日本放送協会）の母体である。テレビ本放送が開始された翌年の昭和29年に名古屋テレビ塔が完成。その翌年にNHK名古屋放送会館が新築され、以降30年以上も東海3県への放送を担った。（提供＝井上明子氏）

**現在**

平成3年に新しくNHK名古屋放送センタービルが現在地に竣工し、役目を終えた。旧写真の場所には現在はオアシス21が建つ。

## 徳川園 〔東区 徳川町〕

**昭和33年**
尾張藩二代藩主光友が拓き造営した大曽根屋敷が起源で、後には尾張徳川家の邸宅となっていた。昭和6年に市へ寄付され、翌年に公園「徳川園」として公開された。写真は5月、庭園に花が咲き乱れている。（提供＝谷聖代子氏）

**現在**
池泉回遊式の日本庭園であり、池畔を散歩しながら、牡丹や花菖蒲など季節ごとの花々や、新緑や紅葉など、四季を通じて楽しめる。隣接する徳川美術館も様々な展示を行っている。

# 建設中のナゴヤドーム

東区 大幸南

**平成7年頃**
中日球場とも呼ばれ長く親しまれた中川区のナゴヤ球場が老朽化し、中日ドラゴンズの新たな本拠地として建設された。イベント会場としても利用され、嵐のコンサートなどもここで開催された。（提供＝宇佐美俊夫氏）

**現在**
興和が命名権を取得し令和3年から「バンテリンドーム　ナゴヤ」の名称となった。道路を挟んで建つイオンモールナゴヤドーム前とも高架通路で連絡している。

## 北区楠
# 楠村役場

**年代不詳**
明治39年に味鋺村と如意村が合併して発足した楠村。村名の由来は、洪水との戦いであった歴史から楠のごとく堅固にあろうと、また忠臣として名高い楠木正成にあやかったものである。（提供＝名古屋市北区役所）

**現在**
昭和30年に名古屋市と合併して同市北区となり、楠村は約50年の歴史の幕を閉じた。旧写真の場所は北区楠支所の道路を挟んだ向かいにあたり、支所の敷地内に楠村役場跡の石碑が残されている。

# 公園の遊具たち

**東区葵**

**昭和28年頃**
地元で「仲よし公園」と呼ばれていたという遊園地。手前の遊具・回転ジャングルジムは皆で早く回すことでスリルを楽しんだ。他に木製の滑り台、ブランコなどがあり、写真右手にトイレが写る。地下鉄東山線の工事とともに撤去された。（提供＝小山孝氏）

**現在**
名駅から栄、今池へ抜ける東西の幹線道・錦通が通っている。同遊園地があったのはスーパー・バローの前あたり。

## 名古屋城を見ながら遊ぶ

**中区本丸・昭和39年**

城址公園の名城公園は、名古屋城の観覧開始と併せて昭和6年の紀元節に開園し、戦争で被災するも戦後復興計画により都市公園として整備された。その南、本丸内にも色々な所に遊具が置かれ、子どもたちが至る所で遊んでいた。写真は天守、小天守両方を東に見る辺り。（提供＝川口久美氏）

# 豊田式織機の工場

中村区 名駅付近

**戦前**

島崎工場内の機械加工を行う工場で丸小物を製造しているようである。写真右端の男性の後ろには大きな歯車が積んである。昭和11年頃には島崎工場の敷地内に第1、第2、第3機械工場があった。豊田式織機は豊和工業の前身である。当時の住所は名古屋市西区島崎町1番地であった。(提供＝鶴舞中央図書館)

中村区 名駅南

# 名古屋館

**戦前**

かつて笹島に木造三階建ての旅館・名古屋館があった。40もの部屋数を誇り、応接室や室内電話もある大旅館であった。笹島付近に最初の名古屋駅が明治19年に建設され、駅前周辺は戦前には旅館が建ち並んでいた。(提供＝吉村俊哉氏)

**現在**

昭和12年に新しい名古屋駅が少し北の現在地に開業すると、旧名古屋駅前の旅館街はかつての勢いを失い、一帯からは旅館が消えていった。現在では笹島交差点の周辺は商業ビルなどが林立する。

中村区 名駅

# 大名古屋ビルヂング

**昭和50年代**
甚大な被害をもたらした伊勢湾台風からの復興を目指し「大名古屋」の名を冠して建設され、昭和40年に開業。名古屋駅前のランドマークとして長年君臨した。（提供＝中島敏秋氏）

**現在**
平成28年に建て替えとなったが、ビル名称には「大名古屋」が継承された。

179　時の流れに移ろう建造物

# JRセントラルタワーズ建設 中村区 名駅

**平成8年**

建設当時は「東洋一の規模を誇る駅」といわれた名古屋駅。昭和12年の完成からすでに半世紀余を過ぎて老朽化が進み、平成に入って新駅舎の基本構想が発表される。平成5年から旧駅舎が解体され、翌年に着工された。(提供＝柴田典光氏)

## JRセントラルタワーズの夜景

**中村区名駅・平成10年**

国際センターから駅前方面を見ている。クリスマスだろうか、未だ建設途中のビルの側面に「98」の数字と星マークが鮮やかに浮かび上がっている。JRセントラルタワーズはこの年の12月2日に上棟式を迎える。(提供＝柴田典光氏)

**平成 10 年**

低層階の百貨店が入る部分ができつつある。現在はジェイアール名古屋タカシマヤやハンズ名古屋店が入っている階層である。（提供＝柴田典光氏）

## 完成直前のJRセントラルタワーズ

**平成 11 年**

この年にビル本体が竣工。オフィス階などがいち早く稼動を開始し、翌年にはジェイアール名古屋タカシマヤなどが開業する。（提供＝柴田典光氏）

**現在**

全面開業は平成12年のことである。旧写真右下に少し見えていた、隣接の名古屋ターミナルビル（松坂屋名古屋駅店）は、同29年にJRゲートタワーとなる。

## 向野橋から名古屋駅方面を望む

中村区 長戸井町

### 昭和50年代

国鉄名古屋車両区の上に架かる跨線橋・向野橋から北東を望む。写真左端の高層ビルは名古屋最古のシティホテル・名古屋観光ホテルで、昭和47年築の新館が見える。その右側に同51年に建設された名古屋市初期の超高層ビルである名古屋電電・東銀ビル（現NTTデータ伏見ビル）が建つ。（提供＝中田茂氏）

### 現在

線路の右は向野橋と交差する名古屋高速5号万場線。線路の周囲は高速道路建設等で整理されたが、線路の先にはグローバルゲートやマンションなどの高層建築が林立する。

## 名古屋機関区を背景に記念撮影

### 昭和33年頃

町内行事で見学に来た際の一枚。国鉄の車両基地である名古屋機関庫が、昭和11年に中区から現在地に移転し、名古屋機関区と改称。現在は名古屋車両区となっている。（提供＝川村忠信氏）

## 名古屋競輪場

中村区中村町

**昭和35年頃**

昭和23年に自転車競技法が施行されたことを受け、翌年の同24年に開設された。中村公園の北側、名古屋駅近くに位置し、特別競輪や記念競輪が幾度となく行われる。「名古屋けいりん」とも称される。（提供＝宇佐美俊夫氏）

**現在**

今も中村公園の北側にあり、平成28年には大須商店街発アイドルグループ「OS☆U」による名古屋競輪場イメージソングが発表されるなど、話題も多い。令和元年からミッドナイト競輪を、令和4年からはモーニング競輪とナイター競輪も開催している。

中区 二の丸

# 名古屋城二之丸大手二之門

**戦前**
古くは「西鉄御門」「西鉄門」といわれた二之丸西側にある枡形の外門である。写真には「名古屋財務局」「名古屋逓信局分局」の看板が掛かる。名古屋城の多くの建造物は名古屋大空襲で焼失するが、戦火を逃れた数少ない遺構である。（提供＝鶴舞中央図書館）

**現在**
旧二之丸東二之門とともに愛知県体育館建設の際に解体されたが、昭和42年に再建された。同50年には「名古屋城二之丸大手二之門」として国の重要文化財に指定されている。

中区栄

# 初期の御園座

**明治中期**

明治30年に開場した当時の建物である。洋風建築の東京の明治座を手本に建築され、正面玄関には絵看板が掲げられている。開業以来、戦災などで幾度も建て替えられながら、「芸どころ名古屋」の看板をこの地で背負ってきた。(提供＝鶴舞中央図書館)

**現在**

平成30年に地上40階建て高層ビル、御園座タワーとなってリニューアルオープンした。建築家・隈研吾監修の外観はスタイリッシュでありながら、和の伝統を継承する外壁の「なまこ壁」意匠等と調和している。

185　時の流れに移ろう建造物

# 名古屋商業会議所

中区栄

### 明治29年～大正10年

栄町にあった初代会議所である。会議所の設立当初から事務所を間借りしており、大都市名古屋の商業会議所としてふさわしい建物を建設するべく、明治28年に着工、翌年1月に完成した。以降大正10年に移転するまで、多様な集会等にも盛んに利用された。（提供＝鶴舞中央図書館）

### 現在

跡地は久屋大通公園の一部となっており、一等地であったことがわかる。昭和3年に名古屋商工会議所へ改組し、現在は名古屋商工会議所ビルが白川公園の北側に建っている。

# 建設当初の名古屋ホテル

中区錦

**明治〜大正中期**
明治28年、竪三ツ蔵町の広小路少し北に木造洋館ホテルが完成。創業者は旭郭の金波楼を経営していた高田金七で、外国人が宿泊できる宿を企図した。本館最上階の優美な屋根を持つ塔屋は、欄干の付いた展望台となっていた。大正期の改築で撤去される。（提供＝鶴舞中央図書館）

**現在**
大正期に気楽な親しみやすいホテルとして改築され、太平洋戦争で戦災に遭うも戦後の昭和中期までこの地で営業していたという。跡地はKDDIのビルなどが建つ辺りである。

## 中区 丸の内 名古屋控訴裁判所全景

**明治10年代**

名古屋城の南、外堀通と本町通が交差する地に名古屋控訴裁判所として明治14年に開所した。写真には「名古屋裁判所」の看板が掲げられている。同19年には名古屋控訴院と改称した。（提供＝鶴舞中央図書館）

**現在**

大正11年に、各裁判所の合同庁舎が建築され、移転した。合同庁舎は現在では市政資料館となっている。

中区錦

# 名古屋三大銀行と讃えられた明治銀行

**明治40年頃**
伝馬町で明治29年に設立、名古屋の渋沢栄一とも称された実業家・奥田正香が初代頭取を務めた。明治後期から愛知銀行、名古屋銀行とともに名古屋三大銀行といわれた。大正12年には当時銀行が集まっていた広小路へ移転する。(提供＝鶴舞中央図書館)

**現在**
明治銀行はその後、昭和4年の世界恐慌の影響で、やがて休業のやむなきに至る。旧写真の伝馬町通沿いにあった建物の跡地には、アパレル系卸売業の八木兵錦2号館が建つ。

189　時の流れに移ろう建造物

## 中区錦 三井銀行名古屋支店

**明治43年頃**
美濃路と堀川舟運とが交わる要衝たる伝馬町には、進出してきた銀行も数多い。三井銀行はその先陣を切り、三井組として明治5年に写真の洋風土蔵造店舗を新築した。大正4年に広小路へ移転する。（提供＝鶴舞中央図書館）

**現在**
周囲はビルが建ち並ぶが旧写真の場所は駐車場となっている。三井銀行は広小路に移転した後、昭和10年にイオニア式円柱を備えた古代ギリシャ建築風の建物を建てた。今では三井住友銀行名古屋支店となって、三井住友銀行名古屋ビルの隣に残る。

中区栄

# 住友銀行名古屋支店

**大正時代**

明治19年、初代名古屋駅が広小路通の西端に建設され、道は駅と県庁を結ぶ駅前通りとなった。明治中期には広小路界隈に銀行街が形成される。日本銀行、三井銀行などが先に建つなか、住友銀行も大正14年に銀行建築の住友銀行名古屋ビルが完成した。（提供＝竹内輝雄氏）

**現在**

平成13年に住友銀行と他2銀行の合併で三井住友銀行となり、同年に高層ビルの三井住友銀行名古屋ビルとして建て変えられた。低階層は住友銀行名古屋ビルを踏襲したデザインとなっている。

## 中区栄 テレビ塔から北を望む

**昭和40年**
「100メートル道路」と呼ばれ話題になった久屋大通。その下に地下鉄名城線が敷設されることになり、市役所〜栄町間の工事が進む。大きなテレビ塔の影の向こうに、バスターミナル、官庁街の県庁、市役所も見渡せる。（提供＝渡辺仁氏）

**現在**
中部電力MIRAI TOWERと名を変えた旧名古屋テレビ塔・3階デッキからの眺め。久屋大通公園に開業した商業施設レイヤード（RAYARD Hisaya-odori Park）が続く。右は桜通に架かるセントラルブリッジ。

**昭和30年代**
戦争中に空襲で焦土と化した市街地の中心へ100メートル道路が計画され、南北に走る久屋大通が着手された。写真はその中央分離帯の公園だが、道路はまだ工事中である。（提供＝野村隆也氏）

192

## 昭和区 鶴舞

# 鶴舞公園の噴水塔

**昭和36年**

鶴舞公園は名古屋市初の都市公園で、第10回関西府県連合共進会の会場として整備された。会期中のみの建物だけでなく公園としての恒久施設も造られ、噴水塔もその一つ。鈴木禎次設計の美しいローマ様式である。(提供＝長谷川和子氏)

**現在**

地下鉄鶴舞線の工事に伴い、昭和48年に一時解体された。同52年に復元され、現在も最上部に掲げられた水盤から涼やかな水を降らせている。

# 時代を語る建築物たち

中区 丸の内

### 名古屋国技館
**大正時代**

現在は名城小学校がある辺りに、かつて名古屋国技館が建っていた。東京の国技館が明治42年に開館し話題を呼んだのを契機に、全国で国技館が建設され、名古屋でも大正3年に完成。大相撲をこけら落としにサーカスや演奏会なども催されたが、興行は伸び悩み、同12年には取り壊された。（提供＝鶴舞中央図書館）

### 八事八勝館
**昭和区広路町石坂・昭和31年**

明治中期に建築された材木商・柴田孫助の別荘を旅館とした八勝館は大正14年創業。松の間棟、御幸の間棟など、数寄屋造が複数棟建つ。写真は滋賀県甲賀の古民家を昭和13年に移築した「田舎家」である。（提供＝吉川普保氏）

## 熱田区 神宮 ブラザー工業の工場

**昭和初期**

現在のブラザー工業は、明治41年にミシンの修理業・安井ミシン商会として創業し、大正15年に安井ミシン兄弟商会となる。昭和9年に日本ミシン製造を設立、写真の工場を建設し、現在の工場群の始まりとなった。（提供＝名古屋市瑞穂区役所）

**現在**

日本ミシン製造は昭和37年からブラザー工業の商号となり、今に至る。

# 瑞穂区庁舎新築

瑞穂区 瑞穂通

### 初代瑞穂区庁舎

**昭和23年**

昭和19年に天理教東愛大教会を借用して開庁した瑞穂区役所は、以降も戦災などで庁舎を転々としていた。写真は区の開庁後初めて建設され、現在地に竣工した木造二階建て瑞穂区庁舎である。（提供＝名古屋市瑞穂区役所）

**現在**

瑞穂区の区役所庁舎は区発足時より約4年間は自前の建物ではなかったが、同23年の初代庁舎竣工後、二代目、三代目と建て替えを重ねた。写真が平成8年に完成した三代目庁舎である。

### 瑞穂区庁舎の二代目が竣工
**昭和38年**

昭和19年に昭和区と熱田区の一部から成立した瑞穂区の庁舎は、同23年にまず木造で建築され、二代目は鉄筋コンクリート造四階建てとなって、写真の年に完成した。（提供＝名古屋市瑞穂区役所）

### 旧昭和区役所を仮庁舎に
**昭和区広見町・昭和37年**

木造であった瑞穂区庁舎を鉄筋造に建て替えするため、広見町にあった写真の旧昭和区役所の建物へ、一時的に業務機能を移すこととなった。（提供＝名古屋市瑞穂区役所）

# 名古屋市立大学病院 [瑞穂区 瑞穂通]

**昭和38年頃**

名古屋市民病院として昭和6年に開院した。太平洋戦争中の戦時統合を免れるため、名古屋市立女子高等医学専門学校を設立して、市民病院はその附属医院となる。昭和25年から名古屋市立大学病院と称した。当初の建物は名古屋大空襲で全焼し、写真は戦後に建てられたものである。（提供＝名古屋市瑞穂区役所）

**現在**

昭和41年に少し北の現在地へ移転し、跡地には同52年に名古屋市博物館が完成した。市博物館は令和5年からリニューアル改修に伴う長期休館中で、期間は令和8年度までの予定である。

## 中村区 名駅
## 二代目となった名古屋駅

**昭和39年頃**
昭和12年に開業した名古屋駅。笹島付近に最初に設けられた駅から、現在地に移転し新築された駅舎である。写真の頃はまだ周りに大きなビルがなく、孤高かつ威容を誇っていた。
(提供＝須田三恵子氏)

**現在**
平成11年に駅舎が建て替えられて新たな名古屋駅としてお目見えした。駅前一帯は高層ビル群となっている。

199　時の流れに移ろう建造物

## 富士製パン名古屋工場

瑞穂区松園町

### 昭和30年

ずらりと並んだ三輪トラックの車体に「フジパン」と「富士製パン株式会社」の文字が見える。大正11年に舟橋甚重がパン和洋菓子製造販売・金城軒を創業したのが起源である。昭和26年に富士製パンとして会社設立、翌年に写真の現在地へ本社と名古屋工場を建設した。（提供＝名古屋市瑞穂区役所）

### 現在

昭和41年にフジパンの社名になる。以降も本社は旧写真の地に置き、日本全国から海外で業務展開をしている。平成27年からは「スナックサンドの日」や「本仕込の日」など、人気の商品名が記念日として登録認定された。

## 日本碍子本社工場

瑞穂区 須田町

**昭和24年**

明治後期には電気が普及し始め、電力の安定供給のため電線を支える絶縁器具である碍子等の需要が増していた。そうした時代背景の中、日本陶器のガイシ部門が独立し、日本碍子として大正8年に創立した。（提供＝名古屋市瑞穂区役所）

**現在**

現在もこの地にあり、昭和61年からは表記社名を日本ガイシとしている。

## 中区正木 ナゴヤスポーツガーデン

**昭和40年**
昭和39年に開業した総合レジャー施設。冬には屋外プールがスケート場になった。名古屋市の都心部に近い施設は多くの市民が利用し、夏休みや冬休みになると家族や友人同士で、プールやスケートに通ったという人も多い。（提供＝山田清美氏）

**現在**
平成元年には名鉄金山橋駅がJR金山駅と統合されて金山総合駅となり、「金山総合駅から歩いて5分」と喧伝されたが、平成15年に全館閉館した。跡地は企業の敷地として整備されている。

熱田区
木之免町

# 賑わいを見せる熱田魚市場

**年代不詳**

かつて海に面し、海の東海道として宮の渡しもあった熱田には古くより魚市場が開かれ、興隆していた。名古屋では大正時代までには下之一色魚市場など10を超える市場があったとされる。写真でも、買い物客が引きも切らない。（提供＝鶴舞中央図書館）

**現在**

時代とともに埋め立てが進むなど魚市場を取り巻く状況は変わっていく。昭和24年には中央卸売市場の本場が開設され、熱田魚市場は廃止となった。

# 新川から見る下之一色の魚市場

中川区 下之一色町

**大正11年**

17世紀後半には漁村として成立していた下之一色において、大正元年、魚市場が開設された。建物も船も溢れかえるほどの人でひしめいている。伊勢湾台風後の高潮防波堤の建設に伴い、漁業権を放棄し、漁師は陸にあがったが、魚市場では名古屋市中央卸売市場から仕入れた魚介類を、商店街の小売業者などに販売していた。（提供＝正色学区）

**現在**

下之一色漁業協同組合は、漁業権放棄後、昭和39年に解散。魚市場はその後も存続していたが、新川堤防の耐震補強工事に伴い、令和3年に閉場し、建屋は撤去され、100年超の歴史に幕を下ろした。写真は、魚市場の関係者に利用されていた、魚市場に隣接する民間の冷凍倉庫。現在は、使用されていない。

## 下之一色町役場

**大正13年**

明治22年に下之一色村が成立、大正6年には愛知郡下之一色町となった。新川沿いには、町役場の他、魚市場、郵便局、漁業組合事務所など、町の主要施設が立地していた。（提供＝正色学区）

# 名古屋港管理組合本庁舎

港区 入船

**平成元年頃**

熱田港が明治40年に名古屋港と改称され、同年中に開港場として指定された。昭和26年に名古屋港管理組合が発足し、本庁舎西館は同32年、写真の東館は44年に竣工した。（提供＝名古屋港管理組合）

**現在**

老朽化や耐震性能の不足などで取り壊された。平成22年、道路を挟んで南に隣接するガーデン埠頭内に、本庁舎及び名古屋港湾会館として、新たな庁舎が建設された。同年9月1日から管理組合が新庁舎で業務を始めている。写真は旧写真の歩道橋から東を見ており、右側に新庁舎、左側に跡地に建てられたケア施設を撮っている。

# 創建時の名古屋教育水族館

港区龍宮町

**大正～昭和初期**
明治43年に建設された名古屋市初の水族館で、年間15万人が訪れたといわれる。台風の影響で大正元年に倒壊し、同9年に料理旅館・南陽館の傍へ再建された。（提供＝安井勝彦氏）

**現在**
移転後も名古屋港の発展につれて環境が変化し、存続が困難となり昭和10年に閉館した。写真は創建時の水族館があったとされる東レグラウンド周辺。

## 名古屋教育水族館の龍宮門

**港区龍宮町・大正～昭和初期**
台風禍の後、再建された水族館には写真の龍宮門が設けられた。現在の龍宮町の由来である。（提供＝安井勝彦氏）

## 南陽館の絵葉書 港区 東築地町

**大正～昭和初期**

添え書きに「名古屋東築港南陽館の庭園」とある。名古屋教育水族館を建設した実業家・山田才吉が、東築地五号地へ建てた水族館に隣接した旅館を計画したが、大正元年に台風が襲来。改めて少し離れた南端の場所に建築されたのが写真右の南陽館である。写真左の建物は、鶴舞で開催された第10回関西府連合共進会時のアサビール宣伝館で、閉会後に移築された。（提供＝安井勝彦氏）

**現在**

昭和10年に名古屋教育水族館とともに閉館した。跡地には東築地小学校などが建っている。同小学校前に「名古屋教育水族館と龍宮門」のパネルが立つ。

### 南陽館の食堂

**大正～昭和初期**

水族館へも訪れた多くの客をもてなした豪華な室内である。（提供＝安井勝彦氏）

## 名古屋競馬場

港区 泰明町

**昭和30年**

昭和23年に名古屋競馬倶楽部が民間で競馬場建設に着手したが、同年に民営競馬が禁止となり、県市共同で同24年に完成させた。旧地名から土古競馬場の愛称で親しまれた。伊勢湾台風の際には避難所となり、多くの市民がしばらくここで生活したという。（提供＝山田清美氏）

**現在**

施設の老朽化に対応するため移転が決定、名古屋市港区での70年以上の歴史に幕を下ろした。競走馬のトレーニング施設であった弥富トレーニングセンターへ移り、令和4年に施設を併せた競馬場としてオープン。旧競馬場の跡地には場外馬券場などが建設された。

# 温泉旅館「泉楽園」本館外観

南区 泉楽通

**戦前**

山崎川近くへ昭和7年頃に開園したという人工温泉の旅館である。幾つもの温泉浴場や娯楽室、屋外には釣り堀や日本庭園もあり、有数なる温泉遊楽郷ともいわれた。（提供＝加納誠氏）

**現在**

昭和19年の空襲や東南海地震により焼失した後、再建されずに跡地は企業の寮などになった。現在は泉楽公園が整備されている。

# 小幡緑地公園

守山区 牛牧

**昭和52年**

戦前の昭和15年、工業都市・名古屋の防空施設強化のため、市街地を囲む環状緑地帯として計画決定された公園の一つ。戦後を経て同32年に県営公園として開園した。(提供＝中村千加子氏)

**現在**

西園、東園、中央園、本園の4園が設けられ、中央園以外は整備が完了している。西園は運動施設、東園は遊具が充実と、それぞれ特徴あるエリアとなった。本園にはビュッフェレストランも開設されている。

【守山区 守山町 村合町】

# 守山市民プールにて

**昭和48年**
夏期のプール教室としてカワイ体育教室が行われた。まだ水に慣れない幼い子たちは、おっかなびっくりで水泳の指導を受けている。水が怖いのか、顔をしかめる子も。(提供＝長谷川和子氏)

**現在**
今も山下公園の北側にあり、プールの形も変わっていない。手前が幼児用で奥に25メートルの練習用プールがある。小人(中学生以下)入場料は100円で、浮き輪の持ち込みは可。ただし営業時間内の写真撮影は禁止されている。

## 名古屋有松郵便局

*緑区有松*

**平成10年**

江戸時代の町屋建築が今も見られる有松。写真は東海道沿いに佇む、洋館のような雰囲気ある郵便局であった。現在は有松の伝統的町並みに合わせた建物に改築されている。(提供＝淡河俊之氏)

**現在**

現在は改装されており、地域の名所や特産物などが描かれた、風景印が置かれている。絵柄は、有松絞りの製作風景や県指定文化財の街並等である。

## 牧野ヶ池緑地

名東区 猪高町高針

**昭和40〜50年代**
かつて県下有数の灌漑池であった牧野池の周囲に広がる、県営の都市公園である。昭和15年の計画時は防空緑地であったが、同32年に広域公園として開園した。（個人蔵）

**現在**
牧野池を中心に、住宅地の中にある緑地公園となった。スポーツやイベントなど様々に利用できる広場や子どもが楽しめる多くの遊具も備えられ、緑に親しむ都会のオアシスとなっている。

# 農業センター

天白区 天白町平針

**平成元年**
昭和40年に開設された総合農業指導研究機関で、農業公園としても市民に親しまれている。当初は野菜と畜産の振興を図るため、技術研究の指導や家畜改良などが主業務であった。（提供＝深谷ひろみ氏）

**現在**
近年は農業公園として有名になり、マルシェやワークショップも催される。令和6年には「農業センターdelaふぁーむ」にリニューアルされた。園内のしだれ梅は全国屈指の規模を誇り、毎年「しだれ梅まつり」が開催され全国から花見客が訪れる。

フォトコラム

# 市井の人びとの暮らし

東山公園のゾウと
● 千種区田代町・昭和30年
戦争を生き抜いた2頭のゾウ・マカニーとエルドは、ショーなどにも活躍した。ゾウに乗せてもらった子どもは大喜び。写真手前の小さな子は泣いている。ゾウの巨体が怖かったのだろうか。（提供＝山田清美氏）

大正ロマンの残り香の中で昭和は始まる。しかし、すぐに世界的な不況に見舞われ、世は戦時下となる。言論が統制され、食糧や生活必需品は配給制となった。生活物資の不足は、終戦後の昭和二十年代半ばまで続く。

昭和二十五年、第一次産業で働く人の割合は名古屋市の労働人口の約八パーセントであった。工場やお店、会社などで働く人が多かったのである。しかし、特徴ある第一次産業もあった。養鶏業と漁業である。昭和区の養鶏場は優れた雌雄鑑別技術をもち、雛を孵化させて販売した。昭和十年には三八万卵収容の孵化室を経営していた。下之一色は、同二十年代には漁船四〇〇隻、漁師一、二〇〇人以上を抱える賑やかな漁師町だった。

経済白書に「もはや戦後ではない」と記されたのは、昭和三十一年のことである。所得倍増計画が始まり、日本は同四十七年まで続く高度経済成長期に入る。

昭和三十年代には、テレビ、電気冷蔵庫、電気洗濯機が人びとの生活に普及し始める。同四十四年に冷蔵庫の普及率が五割を越えると、カラーテレビ、クーラー、乗用車が次の人気商品となった。

この時期に、住まいも変化をみせる。きっかけは、各戸に水洗トイレ、お風呂、ダイニングキッチン、寝室を備えた公営共同住宅の建設である。人びとは団地暮らしに憧れた。ちゃぶ台に代わってダイニングテーブルが登場し、次第に寝食分離の間取りが普及していった。内風呂のある家も増え、昭和三十年代の終わりには、内風呂率が六割を越えた。

好景気で街は活気に満ちていた。夕方には多くの屋台が出た。ビヤホールなど仕事帰りの人びとを楽しませるお店も賑わった。映画も大人気であった。人びとは休日にデパートや東山公園に出かけ、季節ごとに初詣や花火、海水浴、祭りを楽しんだ。主婦は買い物籠を下げ、近所の八百屋や魚屋に通ったものである。

国産第一号のジーンズが発売された昭和四十八年、名古屋市内から最後の屋台が消える。ファミリーレストランで食事をする機会が増え、商店街の賑わいは陰り始める。こうした中、昭和は終わりを告げる。

（大島寿恵）

市井の人びとの暮らし

### 今日は商店街で大安売り！
●**千種区今池・昭和32年**
仮装をし、チンドン太鼓を叩き、クラリネットなどを吹き鳴らしながら町を歩く広告・チンドン屋。当時は商店街の大売出しや新商品発売などでチンドン屋を呼んで宣伝をした。チンドン屋が来ると「何かある」と心浮き立ったものであった。（提供＝谷聖代子氏）

### 東山公園のゾウ園舎
●**千種区田代町・昭和33年**
ゾウを背に兄弟で仲良く記念撮影。この頃には日本中の動物園で、新しい猛獣たちが見られるようになっていた。（提供＝国島和樹氏）

## フォトコラム

### バンド演奏にうっとり
●千種区内山・昭和39年頃

今池グランドキャニオンで行われたライブ演奏。写真は名古屋の紡績工場の工員たち。年中通して1日3組ほどが演奏していた。（個人蔵）

### 赤塚神明社境内で少年少女団を表彰
●東区徳川・戦時中

子どもたちが掲げた幟（のぼり）や旗には「日参一周年」や「郷社神明社表彰少年少女団」の文字が書かれている。戦争真っ只中の少国民たち。当時は神社参拝が奨励されていた。（提供＝林正人氏）

### 鍋屋上野遊園地へお出かけ
●東区大幸南・昭和29年

清明山付近にある公園へ自転車に乗って出かけた。当時の自転車には、自動車のナンバープレートのように自転車鑑札が付けられ、税金が徴収されていた。（提供＝宮下志保子氏）

# 市井の人びとの暮らし

### 成人の日のつどい
◉東区・昭和33年
緊張した雰囲気の新成人が写っており、現在のように着飾ってはいない。昭和23年に「国民の祝日に関する法律（祝日法）」が施行され、最初の祝日のひとつとして1月15日が成人の日と定められた。（提供＝林正人氏）

### 徳川園で結婚式
◉東区徳川町・昭和36年
尾張徳川家の邸宅が市へ寄付されて公園「徳川園」となった。公園内の伝統的和風建築の蘇山荘は、昭和22年から平成8年まで市の公営結婚式場とされており、ここで式を挙げた市民も多い。（提供＝長谷川和子氏）

### 中切団地の朝
◉北区中切町・昭和30年頃
団地という言葉が使われ始めた頃、特別でない日常の一枚。まだこの時代はこうした写真は少ないが、写真提供者の父親は写真が趣味であったといい、妻と娘を撮った。（提供＝井上明子氏）

## フォトコラム

### 少国民
●西区明道町・昭和13年
国旗を持ち戦闘帽の男の子とその祖父が、屈託の無い笑顔で写真に納まる。昭和12年に支那事変（日中戦争）が勃発し、軍国色が強くなっていった頃である。この時代の子どもたちは、天子に仕える年少の皇国民として「少国民」と呼ばれた。（提供＝拝郷丈夫氏）

### 今日は七五三詣
●西区名駅・昭和31年
子どもが無事に成長した祝いに、地元の氏神様へお詣りに行く。女の子も母親も艶やかに着飾り、近所の奥さんたちにご挨拶。七五三は、生まれた子が早くに命を落とすことが多かった時代の名残でもある。（提供＝川口久美氏）

### 上名古屋の商店前で
●西区上名古屋・昭和38年
上名古屋地域では古くから繊維産業が盛んだったため、地域の色々な商店も活況を呈した。イシダ薬局前で男の子たちがニッコリ。（提供＝川口久美氏）

## 市井の人びとの暮らし

### 神明社境内の児童遊園地
●中村区名駅・大正～昭和初期

「神明社境内児童遊園地」の看板が掲げられているが、樹木や庭石が美しく、まるで庭園のよう。写真左の立て札には、漢字とカタカナで入園児童の心得6項目が掲示されている。(提供＝永田哲也氏)

### 嫁入り道具
●西区名駅・昭和44年

嫁入り道具をトラックに積み、婚家へ出発するところ。花嫁の家族が、荷がゆるまないようしっかり固定している。嫁荷を載せたトラックは、バックは禁止など様々な決まりがあった。(提供＝大森吏江氏)

### 婚礼の日
●中村区松原町・昭和33年

金襴緞子の花嫁の手を付き添いが取り、花嫁道中へ向かうところ。近所の人びとが集まり、新婦を送り出す。着付けしたのは美容師である写真提供者。(提供＝ユミー美容室)

220

## フォトコラム

### スタジオで緊張の一瞬
●中区新栄・昭和42年

正色小学校児童たちが、CBCラジオの「子ども音楽コンクール」に出場した。当時は「ちびっこのど自慢」などの子どもが出演する歌番組が、ラジオもテレビもたくさんあった。（提供＝山田清美氏）

### 中京相互銀行入行式
●中区栄・昭和51年

大勢の学生服や真新しいスーツ姿の新たな「銀行マン」たちが、上司らとビルの屋上にズラリ。中京相互銀行は平成元年から中京銀行の名称になり、矢場町交差点の角に今もあるが、背景に見える若宮大通には名古屋高速の高架が走り、風景は一変している。（提供＝六厩真彦氏）

### 洲崎神社で鳥居くぐり
●中区栄・平成2年

洲崎のちょうちん祭の一枚。千個余の提灯が並ぶ、江戸時代から伝わる祭りである。茅の輪くぐりが有名だが、写真の子は心願成就のご利益があるといわれる高さ36センチの石神鳥居をくぐっている。（提供＝加藤洽和氏）

# 市井の人びとの暮らし

### 大名古屋ビルヂングのマイアミで
● 中村区名駅・昭和 51 年頃

屋上ビアガーデンのマイアミでは生バンド演奏などもあった。この日は昭和 48 年にデビューした山口百恵が登場し、熱唱を披露。昭和の歌手は、売り出し中の頃には街中の電器店などの店頭で歌うこともあった。(提供＝六厩真彦氏)

### 名古屋城三の丸遺跡発掘の現地説明会
● 中区三の丸・平成 5 年

名城公園正門前駐車場の整備を控え発掘説明会が行われる。遺跡の背後には、写真中央に名古屋共済会館(KKR ホテル名古屋)、右端に NTT 三の丸ビルが見える。名古屋城の南西に位置する同遺跡では、昭和 63 年を皮切りに、各種施設の建設に伴い発掘調査が実施されていった。(提供＝加藤洽和氏)

### 厳かなる葬列
● 中区三の丸・大正 12 年

行列の人びとが足を止め、カメラに目を向ける。絢爛といえる程の葬儀で、写真では通りの端から端まで人の列が終わらない。地元の大立者か、戦没者の葬儀だろうか。写真左端には名古屋市電の景雲橋電停が見えている。(提供＝拝郷丈夫氏)

# フォトコラム

### 市永年勤続者表彰式
◉中区三の丸・戦前

長年にわたり市に貢献してきた勤続者たちが、市役所庁舎の豪華な室内で表彰されている。前面には市章が入った旗が掲げられる。「〇に八の字」印は尾張藩の合印で、明治40年に名古屋市の市章となった。（提供＝鶴舞中央図書館）

### 中日ビルの昼休み ◉中区栄・昭和54年

エレベーターガールの同僚たち。休憩中でも姿勢の美しい彼女らは、ビルの「顔」でもあった。後ろは中日ビルの有名な屋上回転レストランで、当時はイタリコの店名であった。じっと眺めて「本当に回ってる！」と声をあげた記憶のある市民もいたという。（提供＝村手元美氏）

### 服部養鶏場①
◉昭和区石仏町・昭和10年頃

江戸時代末頃の尾張藩では副業で養鶏も行われるようになっていた。明治になって以降、愛知県で養鶏業が興隆し、服部養鶏場も明治28年に創業する。「名古屋コーチン」も明治期に、旧尾張藩士により誕生した。（提供＝鶴舞中央図書館）

# 市井の人びとの暮らし

### 服部養鶏場②
**●昭和区石仏町・昭和10年頃**
昭和に入るとこの地域では、都市化に伴って養鶏業が衰退していった。そんな中で服部養鶏場では雛の販売に活路を見出す。雌雄鑑別の技術も高く、的中率98パーセント以上といわれた。（提供＝鶴舞中央図書館）

### 民家の庭先でスキー
**●昭和区八事富士見・昭和37年頃**
昭和37年の12月末から同38年まで約1カ月間、東北から九州の広範囲が大雪に見舞われた。その影響で名古屋でも滅多にない積雪となり、坂の多い八事ではスキーが楽しめた。背景の右に西光院の屋根が見える。（提供＝林その子氏）

### 夏休みのラジオ体操
**●昭和区鶴舞・昭和50年代前半**
写真の通りは山王通。夏休み、昭和の小学校では誰もがラジオ体操に通った。毎朝全国を移動して放送されるラジオに合わせて、皆で体操。終わると首から下げたカードに出席のハンコを押してもらう。（提供＝西脇晴美氏）

フォトコラム

### トランジスタ時代の幕開け
●瑞穂区姫宮町・昭和38年

オープンリールデッキのテープレコーダーの周りで、詰襟の青年や男の子が何やら熱心にメモを取る。それまでの大型な真空管に代わってトランジスタが実用化され、様々な電子機器が小型化されていった。（提供＝大山眞五氏）

### あさひ湯で北の湖親方と
●瑞穂区亀城町・昭和62年

力士たちに風呂を提供していた銭湯・あさひ湯の前で記念の一枚。当時は相撲巡業の際、寺社へ宿舎が置かれることがよくあった。名古屋場所では中山神明社が北の湖部屋に。（提供＝麻生和代氏）

### お相撲さん、よろしくね
●瑞穂区中山町・平成2年

北の湖部屋の力士と、中山保育園の園児が防火訓練に参加した。力士たちは夏場所の稽古の合間を縫って来てくれたという。（提供＝麻生和代氏）

# 市井の人びとの暮らし

### 昭和初期の親類の肖像
●熱田区大宝・昭和3年頃

「西町八幡神社の御遷宮の日に、親戚一同が集まった」とのメモが付けられた一枚。全員着物で、女の子は矢絣の着物、女性は人妻主流の髪型・丸髷を結う。幼い子たちは明治から昭和初期にかけて一般的だった西洋前掛を着けている。写真の場所は現在のセブンイレブン名古屋大宝1丁目店付近である。（提供＝林その子氏）

### 個人タクシー創業の記念写真
●熱田区玉の井町・昭和35年頃

親戚一同で創業記念の写真撮影。日本のタクシーは、明治45年にタクシー自動車が創立され、程なく需要が高まった。戦後は「白タク」が増えて無謀運転が横行し、外国人が「神風タクシー」と呼び悪名が広まった。昭和34年、改善目的等で個人タクシー制度が生まれた。（提供＝深谷ひろみ氏）

### 「まるは」のくぢらを食べましょう
●熱田区川並町・昭和28年頃

中京冷蔵の鯨肉宣伝カーが出発式の記念写真。鯨肉は戦後に国民の栄養不足を救済し、昭和中期には鯨の竜田揚げが学校給食の定番献立となった。日本では縄文時代の初めから、漂着したクジラを海の恵みとしたといわれ、鯨を食べる長い歴史がある。（提供＝三澤誠氏）

## フォトコラム

### 打瀬網修理中
●中川区下之一色町・昭和中期

下之一色は、昭和30年代までは繁栄を極め伊勢湾でも有数の漁師町であった。（提供＝正色学区）

### 漁船が連なる風景
●中川区下之一色町・昭和30年代

新川に架かる両郡橋より北へ、係留されている漁船群を見る。漁師町・下之一色の漁船は、最盛期には400隻を超えていたといわれる。写真でも川沿いの見渡す限りに漁船が並んでいる。（提供＝正色学区）

### 活魚の販売
●中川区下之一色町・昭和30年代

漁業組合が漁業権を放棄した後も、魚市場は続いていた。当時、様々な漁法があったが、最も中心的だった打瀬網漁では、主に海底付近に生息するクルマエビ、カレイ、カニなどを獲っていた。（提供＝正色学区）

## 市井の人びとの暮らし

### 銭湯・栄湯の番台で
◉**中川区下之一色町・昭和54年**
往時の漁師町・下之一色の町中には、漁師らが疲れを癒した銭湯がそこかしこに見られた。栄湯もその一つであった。漁から帰ってきた漁師は、湯に浸かって仲間とその日の成果などを語らったものだった。下之一色には現在、新元湯の一軒のみが残る。（提供＝山田清美氏）

### 山の湯開店
◉**港区土古町・昭和34年**
花輪が飾られ、入口には縁起の良い「門かぶり松」がある。家庭風呂が普及するまでは、どこの町にも銭湯があり、人びとの社交場ともなっていた。一日の終わりなどに風呂へゆったり浸かり、上がってから立ったまま手を腰に一気飲みする牛乳が最高だった、という人も。（提供＝山田清美氏）

## フォトコラム

### 木材の荷役
●港区・昭和40年
天白川口貯木場へ輸送するようすか。かつて木曽の木材は全国でも高名で、名古屋では木材産業が興隆し、流通の拠点となっていた。（提供＝名古屋港管理組合）

### 第一回南区民まつり
●南区道徳新町・昭和59年
道徳公園の野球場で、仮装行列に参加した記念の一枚。昭和時代には地区の催しなどでは、仮装行列がつきものであった。（提供＝加納誠氏）

### 民生委員児童委員総会記念
●守山区弁天が丘・昭和29年
守山町の大森寺にて、名古屋市東区の民生委員児童委員総会が挙行された。その記念として、寺の門前で撮られた集合写真である。（提供＝林正人氏）

# 市井の人びとの暮らし

### 龍泉寺へ初詣
●守山区竜泉寺・昭和63年
名古屋城を守護する尾張四観音の一つとして崇められる龍泉寺に、家族で初詣。同寺では元日から正月3日まで、厄除や家内安全など、願意の祈祷を執り行っている。（提供＝武市宏子氏）

### 有松絞りまつり
●緑区鳴海町・昭和30年
細い旧街道沿いに人が集まる本町通りの店先で、モダンなファッションの女性が鳴海絞りの織物を手にしている。東海道の風情を今に伝える有松は、「江戸時代の情緒に触れる絞りの産地」として日本遺産に認定された。（提供＝吉川普保氏）

### 塩竈神社
●天白区御幸山・昭和32年
入学祝いの参詣だろうか、盛装した大人と、よそ行き服や制服姿の子どもたちが目に付く。同神社は安産の守護神であるとともに、生児の無事成育を守護する神社としても広く崇敬されている。（提供＝宮下志保子氏）

# 交通の変遷

令和四年、名古屋市の交通事業が百周年を迎えた。明治三十一年、名古屋電気鉄道（現名鉄）が笹島〜県庁前間に路面電車を走らせたのが最初である。その後、昭和五年には市バス、昭和三十二年には地下鉄の営業を開始した。しかし、モータリゼーション（自動車の普及）のため、昭和四十九年には、市電は全線廃止となった。

このように、百年を超えた名古屋市の交通を語るのに、全国に自慢できることが四つある。

一つ目は、平成十六年十月六日に、名城線の名古屋大学〜新瑞橋間が開通し、地下鉄では全国初の環状運転になったことである。総延長二六・四キロ、全二十八駅のうち八駅で他の地下鉄五路線と交差連絡するほか、JR、名鉄、名古屋ガイドウェイバスとも接続する環状線である。

二つ目も地下鉄で、平成十五年三月二十七日に開通した上飯田線の上飯田〜平安通である。上飯田線は、わずか〇・八キロで、全国最短の地下鉄路線である。上飯田からは、名鉄小牧線と相互運転をしている。昔は、平安通と上飯田の間は、徒歩かバスで乗り継ぎしなければならなかったから、この開業によって、本当に便利になった。

三つ目は、基幹バスである。昭和五十七年三月二十八日に、栄〜星崎の東郊線（一〇・四六キロ）が開業した。このバスは、すべての停留所には停車せず、主な停留所のみ停車した。昭和六十年四月三十日に、新出来町線が開通した。この線は、道路の中央部の専用車線「基幹バスレーン」を走る、中央走行方式である。名鉄基幹バスは「本地ケ原線」として走る。

四つ目は、平成十三年三月二十三日に開通した名古屋ガイドウェイバスの「ゆとりーとライン」である。高架の大曽根〜小幡緑地間は、案内輪がついた特殊なバスである。案内輪と連動しているので、ハンドル操作は不用。高架区間は、時速六〇キロで走る。小幡緑地〜志段味方面は、普通のバスとして運転する。開業当初は、名鉄バス、JR東海バスも乗り入れていたが、平成二十一年十月からは、名古屋市交通局のみになった。しかし、車両メーカーの開発者が定年を迎えるなどして、現行車両の再製造が困難な状況にあることから、将来的にはガイドウェイ方式から転換する必要が予想される。

全国でも自慢できる名古屋の交通が、今後どのように変化するのか楽しみである。

（天野雅彦）

## 近鉄黄金駅

**中村区黄金通・昭和40年**

南西の烏森駅方面を眺める。当初は関西急行電鉄の駅として、昭和13年の桑名〜関急名古屋（現近鉄名古屋）間開通に伴い開業した。名古屋機関区の西端付近にあり、近鉄線はホーム手前の線路で、後ろには関西本線などの線路が走っている。
（提供＝溝口登志裕氏）

## 中区新栄 — 移転前の千種駅

**昭和28年**
千種橋の南側にあった頃の駅舎。明治33年に中央線名古屋〜多治見間が開通した際に、広小路が東へ延長され、その東端に開設された。（提供＝高見彰彦氏）

**現在**
初代千種駅があった辺りで、現在の新栄小学校の近辺に位置していた。駅前広場は広小路に向いて駅西にあった。昭和36年に現在地へ移転している。

## 千種区 池下町
## 地下鉄池下駅

**昭和39年頃**

名古屋市は昭和期に急速な発展を見せ、交通機関整備のため昭和25年に「名古屋復興都市計画高速度鉄道路線」が都市計画決定された。地下鉄の始まりである。まず同32年に名古屋〜栄町間で開業。35年に栄町〜池下間が開通し、池下駅が開設された。（個人蔵）

**現在**

駅の上に市営池下荘が建ち、1階部分が地下鉄池下駅の入口や池下バスターミナルとなっている。当初の池下駅は終点であったが、地下鉄路線網の充実に伴い、程なくして途中駅となった。

# 瀬戸電の大曽根駅

東区 矢田南

**昭和50年代前半**

写真左側に中央本線の大曽根駅、中央やや右に名古屋鉄道（名鉄）瀬戸線の大曽根駅が見える。この駅舎はもともとは瀬戸電気鉄道本社の建物である。路線の前身は瀬戸電気鉄道であり、地元では今も「瀬戸電」と呼ばれる。（提供＝中田茂氏）

**現在**

駅は昭和58年に高架化された。駅西に駅前広場が整備され、バスターミナルが設けられた。地下には大曽根地下街オズガーデンが造られ、瀬戸電とJR中央本線、地下鉄名城線の各大曽根駅を結ぶ連絡通路となっている。

東区 矢田南

# ゆとりーとラインの試運転

**平成 13 年**
ゆとりーとラインの愛称で呼ばれるガイドウェイバス志段味線。写真はこの年3月11日に運行された試運転のようすで、3月23日に開業した。高架専用軌道区間ではハンドル操作なしの誘導のみで走り、一般道は普通に運転走行する、日本唯一のデュアルモード車両である。（提供＝柴田典光氏）

**現在**
ゆとりーとライン沿線の志段味地区には地下鉄がなく、地域の足となった。交通機関の整備により住宅開発が進んで人口が急増、バス路線は現在では非常に混雑している。

## 彩紅橋懐旧

北区 彩紅橋通

**昭和4年**

彩紅橋は大幸川に架かっていた橋である。大幸川は猿投橋付近で堀川から分かれ、大曽根に向かって流れていた。写真の頃は景観を考えて川岸に桜など植えられ、橋名は中国の詩に由来して「彩紅橋」となったという。（提供＝名古屋市北区役所）

**現在**

旧写真は現在の彩紅橋通交差点付近にあたる。下水道整備などで大幸川は暗渠化され、道路になった。橋も撤去され「彩紅橋通」といった名称に名を留めるのみとなっている。

### 彩紅橋通の電停を北に見る

**北区大曽根〜彩紅橋通・昭和45年頃**

市電電停の先、道がくの字に曲がっているあたりが橋が架かっていた場所だが、上写真と撮影方向は逆である。左端に見えるヤマダ屋駐車場は、西大曽根のランドマークだったヤマダ屋洋品店のもの。（個人蔵）

236

# 名古屋市電の上飯田車庫

上飯田通　北区

### 昭和20年代
昭和19年、大曽根から上飯田へ至る御成通線が開通した。戦時中であったが、大曽根周辺の一帯には軍需工場が多くあったため路線が整備されたという。終点の上飯田電停は名鉄上飯田駅の間近であり連絡に便利で、電停の南付近には市電車庫が置かれていた。（提供＝名古屋市北区役所）

### 現在
市電御成通線は昭和46年に廃線となる。上飯田車庫も同時に廃止され、跡地は上飯田バスターミナルになった。平成15年に地下鉄上飯田線が整備され、名鉄小牧線と相互直通運転を行っている。

## 市電とお別れ
### 昭和46年
御成通線全線を含む菊井町からの6.8キロが廃止となり、上飯田でお別れ式があった。「お疲れさま」の花束を受け取る乗務員たちを、多くのカメラが囲む。（撮影＝加藤幹彦氏）

# 枇杷島橋

西区 枇杷島

### 明治時代

向かって左の親柱は「明治一四年七月」、右には「ひ王志まはし」とある。「王志」は「わし」と読む。庄内川に架かる美濃路の橋で、初代は元和8年（1622）に完成した。川の中島を中間に置いて、東の大橋と西の小橋の2橋が架けられていた。
（提供＝鶴舞中央図書館）

### 現在

かつての枇杷島大橋の跡である。昭和31年に枇杷島大橋と小橋は1つの橋となって少し下流に架け替えられ、かつては郡役所も置かれた中島は同33年に撤去された。令和3年から新たな架橋工事が行われており、写真左端に迂回路仮橋が見えている。

# 県道63号の八筋町交差点

西区 八筋町

**平成3年**

南に眺めている。写真中央の「NISSEKI」は日本石油のガソリンスタンド。その下に地下鉄鶴舞線が通る予定の穴が見えている。鶴舞線は昭和52年に伏見〜八事間が開業し、以北は同56年に浄心駅、59年に庄内緑地公園駅まで延伸していた。(提供＝加藤洽和氏)

**現在**

鶴舞線は平成5年に名鉄上小田井駅への乗り入れを果たし、全線開通となった。写真左の下内側にトンネルがある。旧写真のガソリンスタンド「NISSEKI」は、「ENEOS」に代わった。

## 新たなる名古屋駅の開業日

中村区 名駅

**昭和12年**
初代の名古屋駅は広小路通の西端に設けられた。市は昭和9年に「百万都市」を達成し、駅を玄関口にふさわしくするべく現在地へ新しい名古屋駅を建設、この年2月1日に開業した。当時、東洋一の規模を誇ると讃えられた。（個人蔵）

**現在**
今なお躍進を続ける名古屋駅。平成11年に写真のJRセントラルタワーズに建て替えられた。現在ではリニア中央新幹線の開通に向けての駅前再整備が進行している。

# 今池電停の名古屋市電

千種区 今池

**昭和48年頃**

都通を南に望む。路面電車の名古屋市電は、名古屋電気鉄道により明治31年に開業して以来、昭和の後半まで縦横に市内を走った。写真は今池電停を出発した電車と、到着しようとしている電車の揃い踏み。廃線となる直前の頃で、道路には車が多く、線路の上にも車がひしめいている。（提供＝中田茂氏）

**現在**

名古屋市電は、昭和49年3月末をもって全線廃止となった。線路が撤去されて車線が増えた道路には余裕が見られる。

# 名古屋機関区から黄金陸橋を望む

中村区 長戸井町

**昭和61年頃**
南西に見ている。奥が黄金陸橋（黄金跨線橋）で、その上を交差する名古屋高速5号万場線が建設中。車両が並ぶ後ろには転車台があり、黄金陸橋は転車台を眺望できるスポットとしても知られた。（提供＝中田茂氏）

**現在**
黄金陸橋は長大な跨線橋で、今ではJR関西本線、近鉄名古屋線、名古屋臨海高速鉄道のあおなみ線といった線路と、名古屋車両区の上を跨ぐ。転車台は「生きた近代鉄道遺産」ともいわれたが、令和5年に使用終了となった。

中区栄

# 栄町のバス停から北を望む

### 昭和34年
建設途上の久屋大通。背景には名古屋テレビ塔が見える。テレビ塔は昭和29年、戦後復興の都市計画の一環で、テレビ電波発信及び観光目的で建設された。地下鉄の駅があるが、道はまだ砂利道である。（提供＝尾碕光氏）

### 現在
久屋大通は昭和38年に完成し、同45年には久屋大通公園も設置。写真左には、名古屋テレビ塔の建設直後に植樹されたクスノキが大きく育った。右には現在はオアシス21が建つ。

## 中区 三の丸 「お堀電車」が停まる名鉄本町駅

**昭和48年**

瀬戸電気鉄道の瀬戸線は堀川水運との連絡を目的とし、名古屋城の外堀に線路を敷設した。明治44年に全線が開通し、昭和14年の統合により名古屋鉄道となる。濠区間の堀川〜土居下間を走る車両は「お堀電車」と呼ばれた。(撮影＝長谷川弘和氏)

**現在**

写真では、旧写真の奥に見える本町橋の今の姿をとらえている。草に覆われているが電車が通った穴がわずかに見える。名古屋城の堀の中を走り、城と電車の対照的な眺めは長らく市民に親しまれていた。昭和51年に区間廃止となり、全国でも珍しかった「お堀電車」は姿を消した。

昭和区 鶴舞

# 中央本線複線立体化工事

**昭和37年頃**

西向きに見ており、高架化工事中の線路の下を、現在の列車が付き添うように走る。高度経済成長期は特に都市圏で人口が急増して当時の鉄道では輸送困難になり、国鉄は線路の複線化を計画。中央本線の名古屋〜大曽根間複線立体化工事は昭和30年代の初めに着手され、連続立体交差事業の先駆けとなった。工事は同37年に完成し、これに伴い、千種駅の現在地への移転や金山駅の新設などが行われた。（提供＝須田三恵子氏）

# 中部日本自動車学校

昭和区 八事富士見

**昭和32年**

トヨタ自動車販売（現トヨタ自動車）の一事業部門として、昭和32年に設立された。「自動車学校の学校」とも呼ばれ、通常の運転者教育だけでなく教習指導員の研修なども手掛けている。（提供＝岩田京子氏）

**現在**

今なお地域の交通安全教育センターとして交通安全教室や「感車祭」なども開催。地域に密着し、かつ全国の自動車学校の牽引的な事業を展開している。近年では、オンライン学科教習も実施している。

## 中部日本自動車学校の
## 八事少年自動車練習所

**昭和37年**

「少年コース」の文字が見える。子どもがゴーカートらしきものに乗って、自動車の練習をしているようだ。(提供＝井上孝氏)

# 市電廃止前のお別れ運転

昭和区 東郊通

**昭和49年**

名古屋市電は段階的に縮小されていき、営業運転はこの年3月30日で全線終了した。翌31日はお別れ運転として無料となり、人びとは高度経済成長期をともに歩んだ電車と名残を惜しんだ。（提供＝麻生和代氏）

**現在**

旧写真右側の建物は電車運輸事務所であった。その場所に、今では市営高辻荘が建っている。線路も電停もなくなった道路は広くなり、多くの車が行き交う。

248

## 工事中の地下鉄桜通線

昭和区 阿由知通

**平成2年**

地下鉄東山線の混雑緩和のため、昭和47年に地下鉄6号線が計画された。平成元年に中村区役所～今池間がまず開業し、路線名が公募で「桜通線」と決定した。その後も延伸が続き、写真は御器所交差点での工事のようす。道路の先の大きな建物は昭和区役所旧庁舎である。（提供＝綿井靖子氏）

**現在**

今池～野並間は平成6年に開通。しばらく間が空き、同23年の野並～徳重間完成をもって桜通線は全線開業となる。

# 近鉄伏屋駅

中川区伏屋

**昭和30年**

昭和13年、関西急行電鉄の桑名～関急名古屋間が開通した際に開業し、同19年からは近畿日本鉄道（近鉄）の駅となった。写真は同駅のすぐ東にある踏切で、駅を発った名古屋行きの急行電車をホーム付近から撮っている。（撮影＝佐藤進一氏）

**現在**

高架化されており、踏切もなくなった。平成30年からは改札業務等をファミリーマートの店員が行う特異な駅となっている。

# 新川の両郡橋

中川区 下之一色町

**昭和41年**
明治32年に架設され、昭和34年に橋脚がコンクリート造となる。新川に架かる本町通りの橋で、名称は架橋当時の愛知郡下之一色町と海部郡南陽町の間を繋いだことに由来する。（提供＝正色学区）

**現在**
名古屋市は、平成15年に架設された現在の橋の架け替え工事に着手しており、既に橋脚の一部が建設されている。本町通りの一部の区間が施工範囲に含まれるため、竣工後の橋のたもと周辺は、今後さま変わりすると予想される。

# 関西本線をディーゼル機関車が走る

中川区 戸田明正

### 昭和48年
写真右手の市営戸田荘を背景に、疾走するDD51形ディーゼル機関車。昭和37年に1号機が運用開始され、以降、非電化区間の列車を牽引した。SLがDD51形へと次々に換えられ、SLを廃止に追い込んだとも揶揄されたが、蒸気機関車と電車の過渡期に全国で活躍し、国鉄の近代化に貢献した。（提供＝杉浦裕幸氏）

### 現在
関西本線のDD51形は令和3年のJRダイヤ改正で引退となった。かつて日本の鉄道を代表したディーゼル機関車は、全国で姿を消しつつある。

# 市電の八熊通電停

中川区 八熊

**昭和48年頃**
八熊通交差点を北に見ている。広い交差点でも自動車が増えると路面電車の運転は厳しくなった。眼前に自動車が割り込み大変だったという運転手の話もある。(提供＝中田茂氏)

**現在**
さらに交通量が増加しており、道路の上を名古屋高速4号東海線の高架が走っている。

# 名古屋港を走った鉄道

**港区 港町**

**戦前**
昭和11年に完成した中央埠頭の手前を名古屋港線（東海道本線貨物支線）が横切り、奥に鉄桟橋が見える。同路線は山王信号場～名古屋港間の通称であり、臨港線とも呼ばれた。名古屋はかつて木材産業が盛んで、名古屋駅から港への貨物輸送のため、明治44年に名古屋港線が開業した。（提供＝鶴舞中央図書館）

**現在**
旧写真の鉄桟橋周辺は埋め立てられ、ガーデンふ頭となった。ポートハウスが建つ付近には「鉄桟橋」跡地の看板がある。名古屋港線はJR東海の貨物輸送手段切り替えに伴い、令和6年に廃止された。

## 東築地線の終点停車場

**港区・明治43年**

絵葉書には「名古屋港電車終点附近」の添え書きがある。大正元年に全線開通し、同11年に名古屋市電が買収した東築地線である。伝馬町から東築地、南陽館前までの線路で、昭和15年に廃止され、線路は撤去されて南陽通に変更された。（提供＝高橋敬子氏）

**現在**

かつて名古屋教育水族館、南陽館のあった東築地小学校の北から北方向を見たもの。左手は堀川河口で、道の正面奥を横切る高架線は国道23号。

港区 東築地町

# 東築港の渡船

**昭和10～20年代**
昭和10年まで存在した旅館・南陽館の前の渡し場のようす。渡船の乗客が非常に多く、賑わっていたようすがうかがえる。対岸には開橋（跳上橋）が見えている。この橋の奥には稲荷橋が架かる。（提供＝鶴舞中央図書館）

**現在**
写真は第四管区海上保安本部名古屋港浮標基地である。東築地小学校周辺が南陽館跡地で、基地はその東に位置し、かつてこの周辺に渡し場があった。

256

港区
港明

# 東邦瓦斯専用線と名古屋港線

**昭和46年**

写真左の線路は東邦瓦斯港明工場への輸送専用線。ガス製造の副産物であるコークス等を積んで走った。右側は貨物支線の名古屋港線で、臨港線とも呼ばれた。（提供＝舟橋和文氏）

**現在**

港明工場は平成10年に閉鎖された。跡地にはららぽーと名古屋みなとアクルスが建っている。

# 山崎川に架かる祐竹橋

南区 戸部下

### 昭和40年
木造の頃の姿である。この地域は江戸時代には海岸に近い所で、時代が下ると干拓されて新田が造られる。戸部下新田は祐竹新田とも呼ばれていた。（提供＝加納誠氏）

### 現在
祐竹橋を通る道は東海通で、整備も早くから進み、橋は鉄筋造の永久橋となっている。道の先に高架線の名古屋高速3号大高線が横切っている。

## 新郊通一丁目電停を北に見る

南区 菊住

**昭和48年頃**
歩道橋の奥にユニー新瑞橋店が見え、ユニーの看板の上にアラタマボウルの看板が重なっている。のんびりと走る路面電車は、自動車が台頭するにつれ邪魔になっていった。（提供＝中田茂氏）

**現在**
道路の中央にある停留所も危険視されて昭和49年に廃線。市電77年の歴史に幕を下ろした。現在の道路は車線が増え、余裕が見られる。

# 名鉄瀬戸線喜多山駅近辺

守山区 喜多山

**昭和48年**

瀬戸の焼き物を堀川水運で港へと運ぶために造られ、瀬戸焼の発展を支えた瀬戸線。車社会が台頭するまで多くの貨物を運び、写真の頃の喜多山駅には喜多山検車区も併設されていた。(提供＝杉浦裕幸氏)

**現在**

瀬戸線は昭和53年に栄町駅への乗り入れを果たし、旅客輸送が増すことになった。喜多山検車区は平成19年に廃止されたが、駅周辺は高架線への整備がされている。

## 名鉄名古屋本線の鳴海駅

緑区 鳴海町

**昭和30年頃**

名古屋本線は、豊橋〜名鉄岐阜間を走り愛知県内の主要都市を結ぶ路線で、名鉄路線で最も輸送人員が多く通勤通学にも至便である。鳴海駅は大正6年、愛知電気鉄道の笠寺〜有松裏間開通時に開設された。当時は鳴海工場もあり、東部地区の要といえる駅であった。（提供＝吉川普保氏）

**現在**

鳴海工場は平成9年に閉鎖された。旧写真右上の建物は鳴海駅の駅舎で、同18年からは高架駅になり、複合施設のリベスタ鳴海と直通している。

## 名鉄名古屋本線有松駅 （緑区 有松）

**昭和62年**
400年を超える伝統を誇る有松絞りの産地で、賑やかな駅前には「絞りまつり」の自立看板も見える。同駅は大正6年に愛知電気鉄道の有松裏駅として始まり、開設当初から約6年の間は終着駅であった。（提供＝淡河俊之氏）

**現在**
旧写真の頃は有松の町並みに合わせた雰囲気の駅舎であったが、平成13年に橋上駅舎となった。毎年6月には周辺で有松絞りまつりが開催され、玄関口として大勢の人が利用している。

# 国鉄大高駅

## 緑区大高町

**昭和39年**

写真左にはこの年に開業を控えた東海道新幹線の高架が見えている。大高駅は明治19年に愛知県最初の鉄道駅の一つとして開業した。当初はプラットホーム1本のみの駅であったが、東海道新幹線建設に伴って、昭和37年には管内で最も早く橋上駅舎化された。（提供＝溝口登志裕氏）

**現在**

駅前ロータリーには「名古屋で一番古い鉄道駅」の案内板が設置されている。現在は普通列車のみ停車する。

# 広小路通の風景

千種区 桜が丘

**昭和44年**
桜が丘の高台から東を見ている。写真の左奥には一社駅から地上へと出る地下鉄の高架線が走っている。道路の先には昭和43年に東名高速道路の名古屋ICが完成しているが、まだのどかな景色である。（提供＝武市宏子氏）

**現在**
道路沿いにはマンションなどが建ち、名古屋の東部周辺はベッドタウンの様相を見せている。広々とした道路は変わらないが、名古屋や上社のICから高速道路に連絡する経路として、特に週末など混み合う道路となっている。

## 高架線となった地下鉄
**名東区・昭和40年代後半**

神蔵寺の高台から民家越しに、一社駅を過ぎて地上に出た東山線を撮影した。これは名古屋の市営地下鉄で初めての地上路線で、昭和44年の開業。横に走る高架線の向こう、微かに写る高圧鉄塔の手前に猪高小、中学校がある。（提供＝小澄芳彦氏）

## 広小路通を西に望む
**名東区一社・昭和44年**

地下鉄一社駅前から星ヶ丘方面を眺める。この頃は道路奥の丘陵地に電波塔が建っていた。道路沿いの両側に、地上駅舎の地下鉄一社駅がある。地下鉄星ヶ丘〜藤が丘間は昭和44年4月に開通したばかりである。（提供＝武市宏子氏）

# 市バス西山住宅からの出発式

名東区 西山本通

**昭和34年**
現在の市バス西山本通二丁目停留所である。名古屋駅前行きのバスが発車するところで、人びとが旗を振って祝っている。周辺では猪高西山土地区画整理事業により昭和31年から道路や公園、住宅団地の建設が進められ、バス路線の整備なども求められていた。（提供＝加藤求氏）

**現在**
道路は拡幅整備され、周囲には住宅やビルが建つ。写真の道は、今では複数のバス系統が走る路線となっている。

# 天白橋の建設

天白区 井口

**昭和32年**
西の八事方面を見ている。天白川に架かる天白橋は「橋梁鹿島」とも呼ばれた鹿島建設が手がけ、写真の翌年に完成した。写真提供者の父が責任者だったという。昭和33年に完成する。(提供＝宇山晃二氏)

**現在**
昭和49年には改築がなされ、永久橋となっている。

# 社会や教育の変化と学校

**内山小学校の運動会** ●千種区内山・昭和30年
提灯ブルマー姿の女子児童が力一杯駆ける。当時は運動会で素足の学校も多かった。木造校舎の前には大勢の児童。ベビーブームで小学校の児童数は昭和30年頃に急増したが、現在は少子化となっており、同校は令和8年に大和小学校と統合予定である。（提供＝谷聖代子氏）

敗戦直後の昭和二十年八月二十八日、文部省は学校教育の速やかな再開を指示し、愛知県下では九月から学校が再開された。しかし、名古屋市では、戦災のため校舎・教室は失われ、運動場は防空壕や菜園となっており、青空教室や学校近くの寺院、工場などを仮校舎とした授業も多く、二部授業さらには三部授業が行われた。昭和二十二年からは、六・三制学校体系による九カ年の義務教育制度がスタートした。

教育内容も軍国主義教育から民主主義教育へと大きく転換した。御真影や奉安殿が撤去された。教科では、修身、日本歴史及び地理の授業が停止され、社会科が創設された。また、学童の栄養状況を改善するため、学校給食が再開された。

その後、着々と教育環境が整備、拡充されていった。第一次ベビーブーム世代が在学した昭和三十年代後半以降、「すし詰め教室」を解消しようと、学校規模及び学級編成基準の適正化が図られた。昭和二十六年から校舎の鉄筋化の事業が始まったが思うように進まなかった。しかし、昭和三十四年の伊勢湾台風により、木造校舎が壊滅的な被害を受けたことを契機に一層進められていった。

社会は昭和三十九年に東京オリンピックが開催され、「もはや戦後ではない」といわれ、高度経済成長期を迎える。そして、やがて、安定成長期へと向かう。この間、子どもたちの生活も変化していくのである。一方、教育内容は、知識中心の授業から個の尊重、自主性・創造性を伸ばす授業へと変化していく。

本章では、様々な学校における子どもたちのようすや校舎

## フォトコラム

### 祝市制80年の人文字 ●千種区春岡・昭和44年

この年に80周年を迎え、春岡小学校の児童も校庭に大きく人文字を描いて祝った。名古屋市は明治22年に市制を施行し、昭和14年10月1日に市制施行50周年記念式典を挙行。以降もこの日に記念式典が開かれている。（提供＝倉知桂子氏）

### 東山小学校の運動会
●千種区橋本町・昭和46年頃

プログラムは徒競走かリレーか、木造校舎を背に男子児童が力強く走る。（提供＝渡邉龍一氏）

### 田代小学校の運動会 ●千種区観月町・昭和33年

名古屋市の文教地区の一角にある小学校である。写真では、校庭を埋め尽くす程の子どもたちで日の丸を振って創作ダンスか。背景の木造校舎は、昭和40年度に鉄筋校舎ができてもしばらく併用されていた。（提供＝宮下志保子氏）

などの写真が掲載されている。何気ないクラス写真も数多くある。しかし、児童・生徒数の多さや子どもたちの髪型、服装など時代の変化を感じる取ることができる。また、背景に写る校舎も、木造から鉄筋へと時代が進むに連れて変化していく。一枚の懐かしい写真から様々な社会や教育の変化が見えてくるのである。具体的には、戦前の奉安殿の写真、一クラス五〇人、六〇人を越えるクラス写真、新入生が多すぎて、体育館に入りきれず、運動場で入学式を行ったという写真、アルミの弁当箱とその蓋にお茶を入れたという中学校の昼食風景などがある。一枚一枚の写真を見ながら懐かしく当時を思い出すとともに、社会や教育の変化を感じながら、楽しんでいただけたら幸いである。

（戸田 こ）

## 社会や教育の変化と学校

### 今池中学校の人文字
●**千種区今池・昭和33年**
今池の語源は、江戸期にはこの地にあった「馬池」がなまったともいわれる。池は大正時代に埋め立てられ、同校はその跡地に建てられている。（提供＝谷聖代子氏）

### 城山中学校で弁当の時間
●**千種区西崎町・昭和35年頃**
男子はアルミの弁当箱を抱えてかき込み、女子はフタで隠しながら弁当を食べる子も多かった。また当時はコップなど用意せず、弁当のフタに茶を注いで飲んだものだった。（個人蔵）

### 名電工高相撲部が復活
●**千種区若水・昭和36年**
名古屋電気工業高校（現愛知工業大学名電高校）相撲部は戦前には強豪として知られていた。この年2月に復活の土俵開きが行われ、郷土の出身力士・若前田はじめ高砂部屋一行や、市内6校の相撲部員らが招待された。写真右は若前田関、左は写真提供者である。（提供＝川村忠信氏）

# フォトコラム

### 山口尋常小学校の学級写真
●東区徳川町・昭和13年

一様に男の子は坊主頭か坊ちゃん刈り、女の子はおかっぱ頭である。同校は明治5年に第三義校として創立。同26年から山口尋常小学校の校名となっていた。戦後の昭和24年から現名である旭丘小学校になり、令和4年には開校150周年を迎えた伝統校である。（提供＝鈴木久子氏）

### 旭丘小学校の運動会
●東区徳川町・昭和37年

写真は障害物競走の真っ最中といったところか。背景は昭和4年に建設された鉄筋三階建て校舎。（提供＝鈴木久子氏）

### 筒井小学校1年2組入学記念
●東区筒井・昭和34年

同校は明治5年に第五仮義校として創立された。同13年に名古屋区第十五番小学筒井学校となり、現在地に校舎が設けられた。新入生一同の背景は、昭和11年に建築され戦前から市内に残る唯一の鉄筋校舎。当時の意匠を今に伝える遺構である。（提供＝川口久美氏）

## 社会や教育の変化と学校

### 葵小学校の秋の運動会
●東区葵・昭和43年

緊張した面持ちの鼓笛隊が出番を待っている。写真右に見えるのは運動会の優勝旗か。背景に山田学園と富士急観光ホテルが写る。古くからの市の中心市街地が学区である同校は、戦時中に校地内へ焼夷弾が落ち校舎が全焼、戦後に市内初のアメリカ式校舎が建設された。（提供＝前田博子氏）

### 名古屋学院の名古屋中学校・高校大幸新校舎
●東区砂田橋・昭和36年

写真には昭和29年に竣工した大幸新校舎が見える。まだ植栽など校地は整備中のようだ。明治20年創立の愛知英語学校を起源とするキリスト教学校の同校は、昭和22年に新制の名古屋中学校、翌年に新制の名古屋高校として設立されている。（提供＝名古屋学院同窓会）

### 名古屋学院の愛校祭
●東区砂田橋・昭和35年

愛校祭とは「文化祭・体育祭・音楽祭」の総称で、中高合同開催で行われる。背景には昭和33年に完成した公営大幸住宅が見える。この地域は三菱重工業の工場が立地していいたため、住宅団地なども建設された。（提供＝川口久美氏）

フォトコラム

### 名古屋中学校の入学式
●東区砂田橋・昭和33年

同校の創立者・クライン博士を記念して昭和32年に献堂されたクライン・メモリアル・チャペルの前で、名古屋中学校入学記念写真。チャペル（礼拝堂）はキリスト教学校である名古屋学院のシンボルといえる。（提供＝川口久美氏）

### 市工芸工芸祭
●東区芳野・昭和38年

市立工芸高校（市工芸）の体育祭での仮装行列。写真の後ろに見える大きな応援看板でも競っており、ものづくりに特化した専門高校としての技術に目を見張る。同校では体育祭と文化祭を合わせて「工芸祭」として開催している。（提供＝深谷ひろみ氏）

### 東海中学校正門
●東区筒井・昭和15年頃

東海学園は明治21年創設の浄土宗愛知支校に始まる、浄土宗立の学校である。同42年には旧制の東海中学校となり、戦後の新学制で東海中学校、東海高校が開校する。（提供＝林正人氏）

273　フォトコラム　社会や教育の変化と学校

## 社会や教育の変化と学校

### 東邦高校全景
●東区葵・昭和30年代前半

人文字が描かれ、写真上側には国鉄中央本線の線路が走る。写真は開校以来の赤萩校舎。国鉄千種駅に隣接しており「交通が便利な学校」として知られていた。昭和46年に千種区（現名東区）平和が丘へ移転し、跡地には千種ビル群が建った。（提供＝佐々博氏）

### 東邦高校の体育祭
●東区葵・昭和38年

同校は大正12年に創立した東邦商業学校が始まりで、新学制で昭和23年に東邦高校となった。赤萩校舎は開校の地であるが、写真の頃になると校地沿いに立体道路などが建設され、運動場が以前の約3分の1にまでなったという。（提供＝川村忠信氏）

### 金城学院のクラス写真
●東区白壁・昭和15年頃

金城学院高校講堂「榮光館」前での撮影か。同校は明治22年に金城女学校として創立された、中部地区最古の女子教育機関である。戦後に金城学院中学校及び金城学院高校となっている。（提供＝室賀さとみ氏）

### 大杉小学校空撮
●北区大杉・昭和30年

大杉尋常小学校として昭和10年に創立され、この年に創立20周年記念式が挙行された。写真はその際に撮影された人文字である。体育館はまだ建っておらず、校庭を取り囲むのは木造校舎。鉄筋校舎が完成するのは、同56年のことである。（提供＝髙橋美佐子氏）

274

フォトコラム

## 大曽根中学校
●北区上飯田東町・昭和中期

戦後の昭和22年、新学制により全国に中学校が新発足した。その一つである同校は、多くの新設中学校と同じく開校時には校舎がなく、六郷小学校に併設されていた。3年後、矢田川のほとりの現校地に校舎が竣工する。（提供＝名古屋市北区役所）

## 那古野小学校
●西区那古野・昭和30年

昭和30年3月卒業記念アルバムより、読書指導のようす。明治42年創立の歴史ある小学校であったが、少子化などに伴い、平成27年には江西、幅下小学校と3校統合でなごや小学校が開校。残された校舎は改装され、現在は「なごのキャンパス」となっている。（提供＝大森吏江氏）

## 新道尋常高等小学校の学級写真
●西区新道・昭和10年頃

先生の丸眼鏡、児童らの髪型が時代を彷彿させる。幅下尋常小学校が明治37年に分裂して幅下第一と第二尋常小学校になり、同42年に第二が新道へと改称。昭和元年に新道尋常高等小学校となる。しかし空襲で全焼して再び統合され、戦後から平成27年まで幅下小学校であった。（提供＝拝郷丈夫氏）

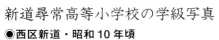

## 社会や教育の変化と学校

### 菊井中学校1年生のクラス写真
◉西区新道・昭和30年

昭和22年の新学制で新発足した中学校である。同25年、現在地に木造二階建て新校舎が2棟竣工した。写真の年には木造西校舎を増築している。（提供＝大森吏江氏）

### 菊井中学校の運動会
◉瑞穂区山下通・昭和32年頃

広々とした瑞穂運動場でマスゲームが披露されている。マスゲームは大人数で行う徒手体操で、学校体育では集団教育の一環としても取り入れられているが、何より運動会の華といえよう。（提供＝大森吏江氏）

### 上名古屋小学校の運動会
◉西区上名古屋・昭和32年

6年生による組体操のようすである。昭和期には組体操の演技は運動会の華であった。近年は小中学校における運動会等での組体操の事故が危険視され、取りやめとなる傾向にある。（提供＝川口久美氏）

### 上名古屋小学校の水泳
◉西区上名古屋・昭和32年

6年生男子がプールサイドで写した一枚。昭和6年に創立された同校の校名は、地図上で名古屋城一帯の「上」となっていることが由来である。（提供＝川口久美氏）

## フォトコラム

### 名古屋西高校1年生のクラス写真
●西区天神山町・昭和33年

同校の起源は大正4年設立の県立第二高等女学校。戦後の教育改革により、男女共学の名古屋西高校となった。(提供＝大森吏江氏)

### 西陵高校1年生クラス写真
●西区児玉・昭和31年

大正8年創立の同校は、昭和23年の学校統合により西陵高校となったが、その後も統合と分離が重ねられた。この写真の翌年、同32年に西陵商業高校と改称。さらに平成17年には再び西陵高校の校名となり、今に至る。(提供＝大森吏江氏)

### 豊臣小学校の学芸会
●中村区森末町・昭和33年頃

このクラスの演目は楽器演奏。子どもたちがピシッとポーズを決めての記念撮影である。この当時は「学芸会」であったが、近年では「学習発表会」と呼ばれるようになっている。しかし内容は劇など、概ね変わらない。(提供＝川村忠信氏)

277　フォトコラム　社会や教育の変化と学校

## 社会や教育の変化と学校

### 新明小学校百周年
●中村区名駅・昭和48年

明治6年創立の同校は写真の年に百周年を迎え、記念式典が行われている。舞台の左に「開学百周年記念式」の文字が見える。平成6年には「開学120年」記念事業を挙行しているが、同21年に六反小学校との統合で閉校となり、笹島小学校が開校する。(提供＝永田哲也氏)

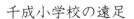

### 千成小学校の秋の大運動会
●中村区日ノ宮町・昭和49年

秋の一日、グラウンドで子どもたちがリレー競走の真っ最中。同校は昭和34年に日吉小学校より分離独立して開校し、平成30年度には開校60周年を迎えている。(提供＝三浦志津子氏)

### 千成小学校の遠足
●中村区中村町・昭和49年

中村公園に出かけて、皆でお弁当。口一杯におにぎりを頬張ったり、おかずを交換したり。遠足のなかでも最高に楽しい時間であろう。(提供＝三浦志津子氏)

### 豊正中学校の相撲部
●中村区稲葉地町・昭和35年頃

土俵で笑顔を見せる相撲部員たち。同部は、昭和36年に名古屋電気工業高校で行われた土俵開きに招待され、来賓で来ていた高砂部屋力士の胸を借りてぶつかり稽古もしている。(提供＝川村忠信氏)

## フォトコラム

### 栄小学校
**◉中区栄・昭和24年**

第十三義校が開校した明治5年を創立年とし、令和4年に創立150周年を迎えた伝統校である。校庭には樹齢300年を超えるといわれるイチョウの木があり、学校のシンボルとして令和の今も子どもたちに愛されている。（提供＝横山稔彦氏）

### 愛知県立第一中学校
**◉東区白壁・戦前**

明治3年設立の洋学校を起源とし、変遷を経て同41年に写真の西二葉町校舎へ移転する。新出来町校舎へ移る昭和13年までこの地にあり、歴史を刻み続けた。跡地に開校した明和高校前街園に「愛知県立第一中学校跡」の碑が残る。（提供＝鶴舞中央図書館）

### 市立第一高等女学校の生徒たち
**◉中区新栄・昭和17年頃**

太平洋戦争真っ只中で、戦時訓練の際の1年生クラス写真。皆勇ましく額に鉢巻をし、もんぺをはいている。市立第一高女からの学徒動員では、名古屋大空襲で爆撃された三菱重工業名古屋航空機製作所大江工場へ行った生徒もいた。同校は菊里高校の前身である。（提供＝倉知桂子氏）

## 社会や教育の変化と学校

### 菊里高校の体育祭
●中区新栄・昭和36年頃

応援看板の制作か、生徒らが校庭で準備に追われている。同校は明治29年に愛知県名古屋高等女学校として創立し、同45年に市立第一高等女学校と改称。戦後の学制改革で男女共学の菊里高校となった。現在地へは昭和37年に移転。跡地には中央高校が建つ。(提供＝宇佐美俊夫氏)

### 御器所尋常小学校の校舎
●昭和区明月町・昭和13年

第25番小学叢雲学校として明治6年に創立した同校は、同25年より校名に御器所を冠する。写真の木造校舎は、昭和3年に現在地へ移転した時に建てられた。昭和13年の卒業アルバムより。(提供＝綿井靖子氏)

### 御器所高等小学校の卒業生
●昭和区明月町・昭和13年

男女別の卒業写真である。先生のメガネは丸眼鏡、児童のほとんど全員がおかっぱ頭。前年に日中戦争が勃発しているが、まだ不穏な雰囲気は感じられない。昭和13年の卒業アルバムより。(提供＝綿井靖子氏)

フォトコラム

### 松栄小学校1年1組クラス写真
●昭和区長戸町・昭和24年

未だ戦争の傷跡が癒えていない頃の一枚。空襲で校舎は焼失したが、写真右に見える防火壁のみ残って立っている。昭和11年に御器所尋常小学校から分離して開校した同校は、以来この地で年輪を重ね続けている。（提供＝大山眞五氏）

### 鶴舞小学校の秋の運動会
●昭和区鶴舞・昭和50年代前半

皆揃って、競技前の全体体操をしている。背後の建物は管理棟校舎。昭和21年に開校した小学校で、鶴舞公園に隣接している。（提供＝西脇晴美氏）

### 広路尋常高等小学校の集合写真
●昭和区川原通・昭和8年

この頃の女子児童は「西洋前掛け」を着けている子も見られる。明治から昭和初期にかけ、お洒落でかつ服を汚さない西洋前掛けが大流行し、大正期には着物に前掛けが幼児の一般的な服装になっていたという。（提供＝酒井宏樹氏）

### 市立名古屋商業学校
●昭和区広池町・戦前

愛知県名古屋商業学校として明治17年に開校し、同34年に市立名古屋商業学校と改称した。昭和3年には広見ヶ池の埋立地へ移転。戦後、学制改革により同23年に市立第二高校と統合され、新制高校の向陽高校して創立される。（提供＝鶴舞中央図書館）

## 社会や教育の変化と学校

### 向陽高校の体育祭
●昭和区広池町・昭和41年
体育祭の余興の仮装行列か。プラカードの文字は、受験に関わるものが多い。当時はマスコミにより「受験戦争」の言葉も登場していた。(提供＝安部武夫氏)

### 瑞穂小学校創立85周年の空撮
●瑞穂区牧町・昭和35年
明治という新時代、わが国初の近代的学校制度である学制が公布され、その翌年に開校した学校である。この年に85周年を迎え児童が記念の人文字を作った。当時はセスナ機等で撮影したが、令和5年の創立150周年には人文字をドローンで撮ったという。(提供＝麻生和代氏)

### 汐路小学校の運動会
●瑞穂区御莨町・昭和62年
徒競走の1位、2位、3位に輝いた児童たちが、旗の下で笑顔を見せている。運動は苦手でも、この日に級友やお母さんと一緒に食べるお弁当は最高に美味しいという子もいる。運動会は今も昔も子どもの大事なイベントといえよう。(提供＝麻生和代氏)

フォトコラム

### 豊岡小学校の入学式
●**瑞穂区膳棚町・昭和31年**

児童が増え続ける瑞穂小学校のマンモス校化を解消するため、昭和28年に独立し開校した。写真でも一目瞭然。ベビーブームの影響で小学校の児童数は昭和30年頃に急増していた。（提供＝井上孝氏）

### 瑞陵高校
●**瑞穂区北原町・昭和38年頃**

愛知県内8校のナンバースクールの一つ、第五中学校として明治40年に始まった。昭和23年、学制改革により4校統合で県立瑞陵高校となり、旧愛知県商業学校にて開校。写真の正門は今も校地南面に残り、国登録有形文化財となっている。（提供＝名古屋市瑞穂区役所）

### 享栄商業高校
●**瑞穂区汐路町・昭和38年頃**

大正2年創立の英習字簿記学会を前身とする。阪本釤之助名古屋市長が名付け親となり「有陰徳者必享其栄」の文を贈り、同4年に享栄学校が認可された。昭和38年には学園創立50周年を迎え、盛大な記念式典を挙行している。（提供＝名古屋市瑞穂区役所）

## 社会や教育の変化と学校

### 尾張高校
◉瑞穂区高田町・昭和38年頃

文政10年（1827）に蔵長屋を前身として創設され、新学制で尾張高校となり、昭和59年から名古屋大谷高校となる。写真は同11年に現在地へ移転した際新築された校舎。当時の学校建築は、重厚感ある格式高い洋風の意匠が特徴的である。（提供＝名古屋市瑞穂区役所）

### 名古屋女学院高校の仮装大会
◉瑞穂区汐路町・昭和32年

当時の学校の文化祭などでは、仮装大会がつきものであった。同校は大正4年の創立。戦後の昭和23年、新学制に即応して名古屋女学院中学校、同高校となり、同42年に名古屋女子大学中学校、同高校と改称し今に至る。（提供＝山中梅子氏）

### 旗屋小学校
◉熱田区夜寒町・昭和29年

名古屋大空襲をくぐりぬけた木造校舎の前で入学記念写真。第九高等小学校の教室を利用して明治42年に開校した。武家屋敷長屋門造りの校門が有名で、学校や地域のシンボルとなっており、入学式と卒業式でのみ開門される。（提供＝深谷ひろみ氏）

### 旗屋小学校の運動会
◉熱田区夜寒町・昭和36年頃

皆でフォークダンスかマスゲームか。背後に見える校舎は鉄筋になっている。（提供＝三澤誠氏）

## フォトコラム

### 宮中学校
●熱田区白鳥・昭和37年

運動会の日、クラスの仲間と休憩中のひとコマか。同校の校舎は伊勢湾台風の被害を受け、写真の年に鉄筋校舎となった。市では伊勢湾台風の後、校舎の鉄筋化を促進。市内すべての小中学校は鉄筋校舎に建て替えられていった。(提供＝深谷ひろみ氏)

### 正色小学校の土俵開きに大関北葉山がやって来た
●中川区下之一色町・昭和38年

開校90周年を迎え、中庭に土俵が完成した。真新しい土俵に、この年の名古屋場所で初優勝を果たした北葉山関を招いて、土俵開きが行われている。(提供＝正色学区)

### 正色小学校の運動会
●中川区下之一色町・昭和40年

グラウンドの周りには応援の保護者らの姿も。同校は明治5年に義校として始まり同9年に正色学校と改称。以降、校名に「正色」を冠している。正色とは下之一色の地名から。「下之一」をまとめて「正」の字にして、「色」を加えている。(提供＝山田清美氏)

## 社会や教育の変化と学校

### 戸田小学校の入学式
◉中川区戸田・昭和41年

木造校舎の前で、新入生らが記念写真。背後には昭和10年に建立された二宮金次郎の像が見える。修身の教科書にも取り上げられており、戦前に全国の小学校に銅像や石像が造られた。（提供＝杉浦裕幸氏）

### 一色中学校にて町内運動会
◉中川区下之一色町・昭和36年

中学校のグラウンドで行われた。子どもたちの奮闘に、拍手や拳を握っての声援が送られる。当時の運動会は、町や村を挙げての一大行事であった。（提供＝山田清美氏）

### 大杉小学校の遠足
◉港区・昭和32年

名古屋港へ行った3年生の、笑顔一杯の集合写真である。昭和10年創立の大杉尋常小学校が同校の歴史の始まりで、平成27年には創立80周年記念式を挙行している。（提供＝髙橋美佐子氏）

## フォトコラム

### 道徳小学校の裏門で
◉南区道徳新町・昭和43年

仲良し同士でパチリ。同校は豊田尋常小学校から分離して昭和15年に創立。同22年には隣接して大江中学校が開校した。写真左に見える鉄筋校舎が大江中学校である。（提供＝松永雅子氏）

### 道徳小学校の社会見学
◉中区三の丸・昭和43年

6年生が中日新聞本社を見学した時の記念写真。社会見学は、新聞社や地元の老舗工場などを訪れることができ、ワクワク楽しいものであった。（提供＝松永雅子氏）

### 桜小学校卒業記念
◉南区桜台・昭和36年頃

呼続尋常小学校より昭和14年に独立して開校した同校は、市の発展とともに児童数が増え、後に菊住小学校、春日野小学校を分離した。平成30年度までに1万3,000人近い卒業生を送り出している。（提供＝江草三四朗氏）

### 豊田小学校で「小さく前へーならえ！」
◉南区豊田・昭和37年頃

同校の運動会の一枚である。学制発布翌年の明治6年に第二中学区第二十二番小学開知学校として開校し、同26年に現在地へ校舎を建設。以来この地で歩みを続け、令和5年度には開校150周年を迎えた。（提供＝山科恵子氏）

# 社会や教育の変化と学校

### 大同工業高校のブロンズ像前で卒業
◉南区大同町・昭和37年

昭和34年の伊勢湾台風の際、同校は救援生徒隊をつくり、筏で救助にあたった。写真の像はそれを顕彰した「愛と力の筏像」。救助に参加した生徒らが、偉業を讃える像の前で卒業記念の一枚。同校は昭和14年の創立で、現在は大同大学大同高校となっている。（提供＝安部武夫氏）

### 町立大高小学校とその周辺
◉緑区大高台・昭和35年頃

明治6年に設けられた第十六番小学明道舎が起源である。写真の頃はまだ大高町であった。名古屋市と合併するのは昭和39年のことである。（提供＝淡河俊之氏）

### 有松中学校の運動会
◉緑区有松町桶狭間・昭和44年

有松幼稚園の園児を招いて開かれた。当時は小中学校の運動会にも、近隣の幼稚園や保育園の園児らが出場することもあった。背景には、昭和30年代に流行し、全国で建てられた特徴的な円形校舎が見えている。（提供＝梶野信子氏）

288

## フォトコラム

### 猪高小学校の巣箱づくり教室
●**昭和36年頃・名東区**

環境学習の一環として子どもたちが巣箱を作る面白さや、実際に架けて観察し自然と命の大切さを学ぶ。全国巣箱コンクールは学校単位で行われ、同校は昭和29年には文部大臣奨励賞を受賞した。鳥の性質や巣箱の架け方など、指導者らが児童に解説もしていた。（提供＝名古屋タイムズ・アーカイブス委員会）

### 天白尋常高等小学校全景
●**天白区池場・昭和12年**

昭和12年3月卒業記念アルバムより。木造校舎や校門も写る。当時は田や畑ばかりだった周辺一帯は、現在では住宅などが埋め尽くしている。（提供＝室賀さとみ氏）

### 天白尋常高等小学校
●**天白区池場・昭和12年**

昭和12年3月卒業記念アルバムより。高等科の卒業写真である。同校は明治39年の天白村発足に伴い、同40年に天白尋常小学校として設立された。（提供＝室賀さとみ氏）

## 社会や教育の変化と学校

### 植田小学校空撮 ●天白区植田本町・昭和44年

盛徳学校が全久寺観音堂に置かれた明治7年に始まる。写真は名古屋市制80年を祝う人文字か。左上では鉄筋校舎が建設中、下には新池が写っている。現在では鉄筋校舎は植田幼稚園に、人文字の場所は植田中学校に、新池は埋め立てられ植田中央公園となっている。（提供＝室賀さとみ氏）

### 工事中の原小学校 ●天白区原・平成元年

原中学校側から見た校舎の全景。右手、体育館の上に見える球体は給水タンク。左手前には見えにくいがプールがある。同小学校は昭和55年に設立され、天白区の平針、中平、原および平針字黒石などを通学区としている。（提供＝深谷ひろみ氏）

フォトコラム

天白高校校舎
●天白区植田東・昭和52年
建設中の校舎を西から見ており、背景に尾張丘陵を望む。この年に開校する比較的若い学校で、写真では校舎北側の運動場はまだ造成中である。（個人蔵）

できたばかりの野並小学校
●天白区野並・昭和44年頃
明治40年の天白小学校創立とともに設けられた野並分校が起源である。昭和43年に校舎が建設され、翌年に野並小学校として独立開校した。（提供＝山岸雅之氏）

## 社会や教育の変化と学校

### 聖マリア幼稚園の入園式
●千種区園山町・昭和46年頃

無原罪教育宣教修道会のシスターたちが昭和33年に創立した、キリスト教系の幼稚園である。日本カトリック学校連合会に加盟しており、自分で学ぶ力を養う「モンテッソーリ教育」で知られる。（提供＝渡邉龍一氏）

### 柳城女子短大附属柳城幼稚園の聖誕劇
●昭和区明月町・昭和48年頃

クリスマス会で行われた、キリスト聖誕劇のひとコマで、幼いマリア様と可愛らしい天使たち。同園は明治32年に開設されたキリスト教保育の幼稚園である。（個人蔵）

### 柳城女子短大附属柳城幼稚園でお誕生日会
●昭和区明月町・昭和48年頃

「お誕生席」に今月の主役が座り、皆でお祝い。園児たちに配られた1人用ケーキには、ロウソクが1本立てられている。（個人蔵）

## フォトコラム

### 名古屋ルーテル幼稚園のクリスマス会
●千種区今池・昭和24年

まだ戦争の傷が癒え切れぬ頃に催されたクリスマス会。園児たちは手に様々なプレゼントを受け取っている。保護者たちもまぶしいような笑顔を見せる。同園は大正15年の創立で、日本福音ルーテルなごや希望教会の幼稚園である。（提供＝谷聖代子氏）

### 愛英幼稚園のクリスマス会
●千種区今池・昭和40年

演目は「花屋さん」。手作りだろうか、子どもたちは手に綺麗な造花を持って、ハイ、ポーズ！　当時はまだ平屋だった園舎にて。繁華街・今池に立地しながらも同園は静かな好環境を守り、昭和28年の開園から今に至るも地元の信頼が厚い。（提供＝倉知桂子氏）

### 味鋺保育園
●北区楠味鋺・昭和中期

子どもたちの後ろに見える園舎に掛けられた札には「楠村立味鋺保育園」の文字が見える。楠の木と楠木正成とにあやかって名付けられた「楠村」の保育園である。同村は昭和30年に名古屋市へ合併され北区となっている。（提供＝名古屋市北区役所）

## 社会や教育の変化と学校

### 久国幼稚園の正門
●北区大杉・昭和28年頃

久国保育園として戦後程ない昭和24年に開園。同27年に久国幼稚園と改称した。寺院を設立母体とした幼稚園で、仏の教えを通して感謝やいたわりの心を育む教育を行っている。(提供＝髙橋美佐子氏)

### 久国幼稚園の雛祭り
●北区大杉・昭和29年

京の御所・紫宸殿を模した見事な「御殿飾り」の雛人形が飾られている。桃の節句は女の子の祭りであるが、男の子も誰もが楽しい日。皆でお祝いして仲良く写真に納まった。(提供＝髙橋美佐子氏)

### すみれ学園
●昭和区・昭和20～30年代

終戦直後の昭和20年、創設者の自宅ですみれ洋裁学院が創立され、同23年からすみれ学園となった。「人間教育と実学」の精神で着実に発展し続け、現在は中西学園として名古屋外国語大学や名古屋学芸大学など6校を擁する。写真は21年、杁中に開設された第3校舎。(提供＝室賀さとみ氏)

## フォトコラム

### 大須幼稚園の運動会
●中区栄・昭和47年頃

当時は白川公園を借りて行っていた。後方には、総合レジャービルの中日シネラマ会館が見えている。ここのヘラルドシネプラザへ2本立て映画を観に行き、ゲームセンターなどで遊んだ思い出のある人は多いだろう。（提供＝上田四郎氏）

### 希望幼稚園の集合写真
●昭和区塩付通・昭和23年

開園は昭和5年。戦時中は戦時保育所に転換されその後休園、同21年に再開された。写真右上は、撮影当日に欠席した園児。昭和期にはこうして写真上に小さく顔写真を貼り付けたものだった。子どもが多かった当時は、毎年当たり前のように見られた。（提供＝大山眞五氏）

### 大法寺愛児園のクリスマス会
●瑞穂区雁道町・昭和38年

数多の万国旗が飾られた下で演奏を披露し、賑やかなクリスマスの光景である。同園は大法寺境内にあって古くから地域に密着した保育園で、雁道商店街の夏まつりなどでお遊戯を披露したりもしている。（提供＝小股豊氏）

## 社会や教育の変化と学校

### 高蔵保育園の七夕祭り
◉熱田区高蔵町・昭和27年

提灯や五色の短冊など大きな笹竹がしなるほどの飾りを付けて、立派な七夕飾りが完成し、保母さんらも皆で記念写真。2本あるのは織姫と彦星双方に願いを届けるためか。高蔵遺跡の上にある同園は豊かな緑に囲まれ、広い園庭では野菜なども育てている。（提供＝深谷ひろみ氏）

### 正雲寺幼稚園の卒園記念写真
◉中川区下之一色町・昭和40年

正雲寺に設けられた幼稚園である。「知恵と愛の真宗保育」のもとで、学習とともに道徳心など情緒豊かな心を培う保育を行う。現在は認定こども園 Kids BASE となり中川区福島へ移転している。（提供＝山田清美氏）

### 正色第一保育園保育修了記念
◉中川区下之一色町・昭和35年

園児たちが少々しゃちほこばって写真に納まる。卒園する子どもだけでこの人数である。同園は昭和23年に開園、写真の2年前には正色第二保育園も設けられた。平成の終わりに第一、第二が統合し、現在は正色保育園となっている。（提供＝正色学区）

*296*

## フォトコラム

### 道徳和光幼稚園の運動会
◉南区道徳北町・昭和36年

その昔、周りが一面の田んぼであった頃、僧侶が道徳説教場を開き、野良仕事で忙しい親たちの子を預かったのが同園の始まり。昭和6年に道徳幼稚園として開園し、同29年より道徳和光幼稚園と称した。（提供＝松永雅子氏）

### 小幡あさひ幼稚園で人文字
◉守山区小幡南・昭和57年頃

幼稚園の全景である。東区から当地にに移転した当初は田畑が多く、園児らは野の花々やオタマジャクシといった素朴な自然と触れ合ってきた。やがて住宅が増えたが、今も自然などの観察と共生は保育に大切とされる。（提供＝中村千加子氏）

### 喜多山幼稚園の運動会

◉守山区西島町・昭和43年

守山小学校の運動場で開催された。大勢の園児たちが秋晴れの下で歓声を上げる。幼稚園の園庭は狭く、広々としたグラウンドは楽しそう。今も地域活動の場所として、小学校の運動場が開放される。（提供＝長谷川和子氏）

# 子どもの遊びと暮らし

### 昭和の子どもたち
●西区上名古屋・昭和35年
右端の子は赤ちゃんを抱いている。上の子が下の子たちの面倒を見るのは、昭和では当たり前のことであった。（提供＝神谷雅夫氏）

### 三輪車に乗る子ども
●東区古出来・昭和36年
三輪車に座っている男の子。サドルではなく、車体に付けられた椅子に座っているようだ。（提供＝小股豊氏）

### この草履は履けるかな？
●東区筒井・昭和30年
子どもたちが手にするのは筒井町商店街にあった下駄の店・のだやの宣伝用模型。大きな草履を抱えて、にっこり。（提供＝加藤善久氏）

昭和初期から二十年代頃まで、子どもは、虫取り、川遊びをはじめ、コマやメンコ、ビー玉やチャンバラ、野球、おにごっこなどをして遊んだ。空き地には、ガキ大将を中心に、様々な年齢の子どもが集ったものである。女の子はゴムとび、ままごと、お手玉、あやとりなどをした。

この頃の子どもは、よく家事や家業の手伝いをした。弟や妹の世話は定番の仕事だった。子どもは、依然として生活する上で欠かせない働き手でもあった。おやつは、ふかしいもやだんごなど家でつくるものが主だった。キャラメルやドロップは、贅沢品だった。

子どもと近所の人たちとの距離も近かった。赤ん坊の頃は乳母車の中で声をかけられ、少し大きくなると、もらい湯をしたり銭湯で一緒に湯船につかったりした。町内の人とラジオ体操をし、お祭りの稽古には必ず参加した。子どもは地域で育てられたのである。

こうした子どもの暮らしは、昭和三十年代から四十年代にかけて、次第に変わっていく。戦争が終わり生活が安定してくると、子どもは、まず、お小遣いを握りしめて、駄菓子屋に通うようになる。昭和三十年代になると、フラフープやダッコちゃん、ミニカーやブロックといった魅力的なおもちゃが次々に登場する。「鉄腕アトム」「鉄人28号」などの子ども向けテレビ番組が放送され、人気キャ

## フォトコラム

### 雪が降って大はしゃぎ
●東区葵・昭和25年
市の中心部では雪が積もることは少なかった。少しの積雪でも子どもたちは大喜び。道を占領して騒ぐ男の子たちに、箒を持ったお姉さんはやれやれといった表情。（提供＝佐々博氏）

### 籐編みの乳母車に乗って
●東区葵・昭和25年頃
昭和によく見られた籐の乳母車は、宝船や鶴亀といった吉祥文様などの意匠が編み込まれていた。（提供＝近藤由美子氏）

### 道路で遊ぶ子どもたち
●千種区今池南・昭和39年
今池南付近の夏の一日。後ろにはフォルクスワーゲン・ビートルが見える。当時の子どもたちは、毎日真っ黒になって外で遊んでいた。（提供＝倉知桂子氏）

### 恐竜なんて怖くないよ！
●千種区田代町・昭和26年
東山動物園の古代池に置かれた、イグアノドンのコンクリート製恐竜模型の前で得意顔。写真は昭和13年の開園1周年記念で造られたものだが、平成の終わりにリニューアルがなされ、今も会うことができる。（提供＝松下万里子氏）

ラクターの関連商品も売り出される。こうした子ども市場の形成によって、子どもは幼いころから消費者として訓練されるようになる。第一次ベビーブーム世代の子どもが中学・高校受験を迎え、受験のための学習塾が一気に増加するのも、この頃のことである。

高度経済成長期に都市化が進み、空き地が失われ、地域のつながりも薄れていった。塾や習いごとに通う忙しさも加わり、異年齢集団で遊ぶ子どもの姿は見られなくなっていく。

昭和五十八年にファミコンが発売され、東京ディズニーランドが開園する。世の中は豊かになり、子どもは好きなお菓子を食べ、好きなおもちゃで遊び、家族と一緒にレジャーを楽しむようになった。一方で、習いごとによる多忙化や自然体験の少なさを危惧する声も上がり始める。

子どもを取り巻く状況は、大きく変化してきた。しかし、いつの時代も、遊びに夢中になり、あどけなく微笑む子どもの姿は、周りの大人たちを魅了し続けているのである。

（大島寿恵）

# 子どもの遊びと暮らし

### 未来のオリンピック選手たち？
●中村区名駅・昭和38年頃
東京オリンピックの開催を控えていた頃。運動が得意で、将来は選手になってオリンピックに出場したいという子もいた。子どもたちの未来は無限大。（提供＝永田哲也氏）

### ビニールプールでパチャパチャ！
●西区名塚町・昭和40年代
暑い夏となれば、子どもたちは庭先にビニールプールを出してもらい、近所の子らと皆で水遊びしたものだった。（提供＝室賀さとみ氏）

### チャンバラごっこ ●瑞穂区十六町・昭和32年頃
道端で男の子たちがおもちゃの刀を腰に差し「えいやぁとぉっ！」当時のテレビ番組は少年剣士ものが花盛りで、空き地で、道端で、チャンバラをする子どもが見られた。舗装のされてない砂利道、大和張りの板塀も見慣れた昭和の風景である。（提供＝井上孝氏）

### みんな大好きフラフープ
●中川区下之一色町・昭和33年
この年にフラフープが大流行し、全国の子どもたちが猫も杓子もとの勢いで遊んでいた。美容や身体に良いともいわれ、若い女性を始め大人たちも熱中した。しかし事故などが取りざたされ、ブームは短期間で終わりを告げた。（提供＝山田清美氏）

# フォトコラム

### テレビと犬と幼児
◉中川区下之一色町・昭和34年
子犬とぬいぐるみの子犬に挟まれた幼子、その後ろに4本脚テレビ。テレビは皇太子ご成婚が放映された昭和34年から一気に普及していった。最初は箱型だったが、この頃には4本脚テレビも登場。脚は別売りのものもあった。（提供＝山田清美氏）

### 懐かしい乳母車 ◉中川区下之一色町・昭和30年
大きく開放的な乳母車。車輪に乗った弧を描く木に籠が取り付けられており、揺りかごにも使えるようである。藤製の乳母車は丈夫で軽く、長持ちし、何世代にもわたって使われることも多かった。（提供＝山田清美氏）

### 餅つきの子ども ◉守山区小幡中・昭和45年
正月の準備の手伝いだろうか。満面の笑みで、タオルを鉢巻代わりに、石臼の餅を一生懸命つく。つきたての餅を食べるのが楽しみで仕方なかったものである。当時はたいてい自宅の庭で、家族で行っていた。（提供＝長谷川和子氏）

### わたしとワンコとオート三輪
◉南区若草町・昭和29年頃
女の子と飼い犬の後ろには、昭和期に活躍したオート三輪。その横にはモヤシを作るのに使った樽が干されている。収穫したモヤシをオート三輪で問屋へ運んだという。当時の若草町は田畑ばかりであった。（提供＝松井登代子氏）

# 写真提供者、協力者一覧（敬称略・順不同）

麻生和代
安部武夫
伊藤好英
井上明子
井上 孝
岩田京子
ウィリアム・S・ペリー
上田四郎
宇佐美俊夫
宇戸純子
宇山晃二
江草三四朗
大島文廣
大森吏江
大屋節子
大山眞五
淡河俊之
岡崎 茂
尾碕 光
梶野信子
加藤 求
加藤幹彦
加藤善久
神谷雅夫
川口久美
川村忠信
加納 誠
鬼頭 広
倉知桂子
国島和樹

小澄芳彦
小山和夫
小山 孝
小股 豊
近藤由美子
酒井宏樹
酒井広史
佐々 博
佐藤 寛
佐藤進一
柴田典光
杉江由美子
杉浦裕幸
杉本圭彦
鈴木久子
須田三恵子
田内康司
高川溥之
高見彰彦
高橋敬子
髙橋美佐子
武市宏子
竹内輝雄
谷聖代子
玉田健治
鶴見佳世子
所 孝明
戸田信治
長坂英夫

中島敏秋
中島正明
中田 茂
中野恵美子
中村千加子
永田哲也
西脇晴美
丹羽昭子
野村隆也
拝郷丈夫
長谷川和子
長谷川弘和
服部純司
服部紘太
林 正人
林その子
日比野宏生
深谷ひろみ
藤田吾郎
藤田まや
舟橋和文
星 晃
前田達也
前田博子
松井登代子
松岡保良
松永雅子
松原正行

三浦志津子
溝口登志裕
宮下志保子
宮地伸夫
六厩真彦
室賀さとみ
村手元美
安井勝彦
柳澤伸郎
山岸雅之
山科恵子
山田清美
山田尚美
山田 實
山中梅子
横山正雄
横山稔彦
吉川普保
吉村俊哉
米田幸雄
綿井靖子
渡辺 仁
渡邉龍一

三澤 誠
水野知彦

名古屋市瑞穂区役所
名古屋市熱田区役所
名古屋市港区役所
名古屋市南区役所
名古屋市守山区役所
名古屋市名東区役所
名古屋市緑区役所
名古屋市天白区役所
名古屋市教育委員会
名古屋学院同窓会
名古屋市スポーツ市民課地域振興部区政課
名古屋都市センター
名古屋市市政資料館
正色学区
愛知県図書館
鶴舞中央図書館
名古屋港管理組合
名古屋空襲を記録する会
名古屋写真研究会
名古屋タイムズ・アーカイブス委員会
ブラザーミュージアム
トヨタ産業技術記念館
覚王山商店街振興組合
名古屋テレビ塔株式会社
化粧品のフジタ
山本殖産株式会社
ユミー美容室
名古屋市東区役所
名古屋市北区役所
名古屋市西区役所
名古屋市中村区役所
名古屋市昭和区役所

＊このほか多くの方々から資料提供やご教示をいただきました。謹んで御礼申し上げます。

# おもな参考文献 （順不同）

『なごや』（名古屋市観光所連絡協議会・名古屋タイムズ社編・名古屋タイムズ社・昭和三十四年）

『新修名古屋市史』第十巻（新修名古屋市史編集委員会・平成十三年）

『新修名古屋市史』第九巻民俗編（新修名古屋市史編集委員会・平成十三年）

『写真に見る明治の名古屋』（名古屋市教育委員会・昭和四十四年）

『愛知百科事典』（中日新聞社開発局編・中日新聞本社・昭和五十一年）

『新版愛知県の歴史散歩・下』（愛知県高等学校郷土史研究室編・山川出版社・平成四年）

『愛知県の百年』（山川出版社・平成五年）

『新修名古屋市史報告書3─下之一色地区民族調査報告』（新修名古屋市史民族部会編・名古屋市総務局・平成十年）

『新修名古屋市史 資料編 現代』（新修名古屋市史資料編編集委員会編・平成二十四年）

『名古屋都市計画史Ⅱ』（名古屋都市計画史編集実行委員会編・平成二十九年）

『目で見る名古屋の100年』上・下（久住典夫著・郷土出版社・平成十一年）

『名古屋今昔写真集』第Ⅰ巻（林董一著・樹林舎・平成十九年）

『名古屋今昔写真集』第Ⅱ巻（林董一著・樹林舎・平成二十年）

『名古屋今昔写真集』第Ⅲ巻（林董一著・樹林舎・平成十九年）

『名古屋の昭和』（『名古屋の昭和』刊行委員会・樹林舎・平成二十七年）

『古地図で楽しむなごや今昔』（溝口常俊編著・平成二十六年）

『千種区の歴史』（山田寂雀著・愛知県郷土資料刊行会・昭和五十六年）

『目で見る千種・名東の100年』（小林元監修・郷土出版社・平成三年）

『北区の歴史』（長谷川國一著・愛知県郷土資料刊行会・昭和六十年）

『西区の歴史』（山田寂雀・西岡寿一著・愛知県郷土資料刊行会・昭和五十八年）

『中村区の歴史』（横地清著・愛知県郷土資料刊行会・昭和五十八年）

『名古屋市中区誌』（中区制施行一〇〇周年記念事業実行委員会・平成二十二年）

『昭和区の歴史』（名古屋国際高等学校社会科教科会編著・愛知県郷土資料刊行会・平成十一年）

『瑞穂区の歴史』（山田寂雀著・瑞穂区郷土史跡研究会編・愛知県郷土資料刊行会・昭和六十年）

『写真で見る道徳の昔と今─名古屋市南区』（加納誠著・平成二十年）

『守山区誌』（守山区制50周年記念事業実行委員会編・平成二十五年）

『大高町誌』（大高町誌編纂委員会編・大高町・昭和四十年）

『天白区の歴史』（浅井金松著・愛知県郷土資料刊行会・昭和五十八年）

『続・天白区の歴史』（浅井金松著・愛知県郷土資料刊行会・昭和六十二年）

『名古屋空襲誌』第8号（名古屋空襲を記録する会・昭和五十四年）

『特別史蹟 名古屋城』（山田秋衛著・昭和四十一年）

『市営五十年史』（名古屋市交通局50年史編集委員会編・名古屋市交通局・昭和四十七年）

『名古屋を走って77年─市電写真集』（名古屋市交通局編・昭和四十九年）

『ナゴヤの地下鉄─メモリアル30』（名古屋市交通局編・昭和六十二年）

『市営交通70年のあゆみ』（名古屋市交通局編・平成四年）

『なごや 街と交通の一世紀』名古屋市営交通100周年写真集（樹林舎「なごや 街と交通の一世紀」編集部編・令和四年）

『名鉄瀬戸線』お堀電車廃止からの日々（清水武著・ネコ・パブリッシング・平成二十五年）

『堀川沿革誌』（未吉順治著・愛知県郷土資料刊行会・平成十二年）

『堀川─歴史と文化の探索』（伊藤正博・沢井鈴一著・堀川文化探索隊編・あるむ・平成二十六年）

『わが街ビルヂング物語』（瀬口哲夫著・樹林舎・平成十六年）

『名古屋の漁師町 下之一色』（名古屋市博物館・平成十六年）

『日本の博覧会 寺下勍コレクション』（平凡社・平成十七年）

『郷土文化』別冊『写真にみる つるま今昔』（名古屋郷土文化会編・昭和六十二年）

『名古屋の公園100年のあゆみ』（名古屋の公園100年のあゆみ編集委員会編・名古屋市・平成二十二年）

『ぼくらの名古屋テレビ塔』（名古屋タイムズ・アーカイブス委員会編・樹林舎・平成二十二年）

『名古屋テレビ塔クロニクル』（名古屋テレビ塔株式会社監修・人間社・平成三十年）

『大須レトロ』（名古屋タイムズ・アーカイブス委員会編・樹林舎・平成二十二年）

『松坂屋百年史』（松坂屋・平成二十二年）

『名古屋なつかしの商店街』（名古屋タイムズ・アーカイブス委員会編・風媒社・平成二十六年）

『野並古写真＆東海豪雨記録写真』CD（令和六年）

＊このほかに自治体の要覧や広報誌、新聞記事、住宅地図、ウェブサイトなどを参考にしました。

**■執筆・編集協力**

**名古屋歴史教育研究会**

加藤洽和（かとうひろかず）（名古屋歴史教育研究会顧問、中京女子大学（現至学館大学）名誉教授）

北原直樹（きたむらなおき）（元名古屋市立江西小学校校長）

天野雅彦（あまのまさひこ）（中村まち歩きマイスターの会会員）

戸田一（とだはじめ）（元名古屋市立六郷北小学校校長）

中村好孝（なかむらよしたか）（元名古屋市立ほのか小学校校長）

大島寿恵（おおしまひさえ）（元名古屋市立神宮寺小学校校長）

安田文吉（やすだぶんきち）（南山大学名誉教授、東海学園大学客員教授）

（※敬称略）

**取材**
江草三四朗（桜山社）
平野文康

**編集・制作**
山田恭幹

**装幀・DTP**
伊藤道子

---

写真アルバム　名古屋の今昔（こんじゃく）

---

2024年11月8日　初版発行

発 行 者　山田恭幹

発 行 所　樹林舎
　　　　　〒468-0052　名古屋市天白区井口1-1504-102
　　　　　TEL: 052-801-3144　FAX: 052-801-3148
　　　　　http://www.jurinsha.com/

印刷製本　株式会社太洋社

---

ⒸJurinsha 2024, Printed in Japan
ISBN978-4-911023-06-8
＊定価はカバーに表示してあります。
＊乱丁・落丁本はお取り替えいたします。
＊禁無断転載　本書の掲載記事及び写真の無断転載、複写を固く禁じます。